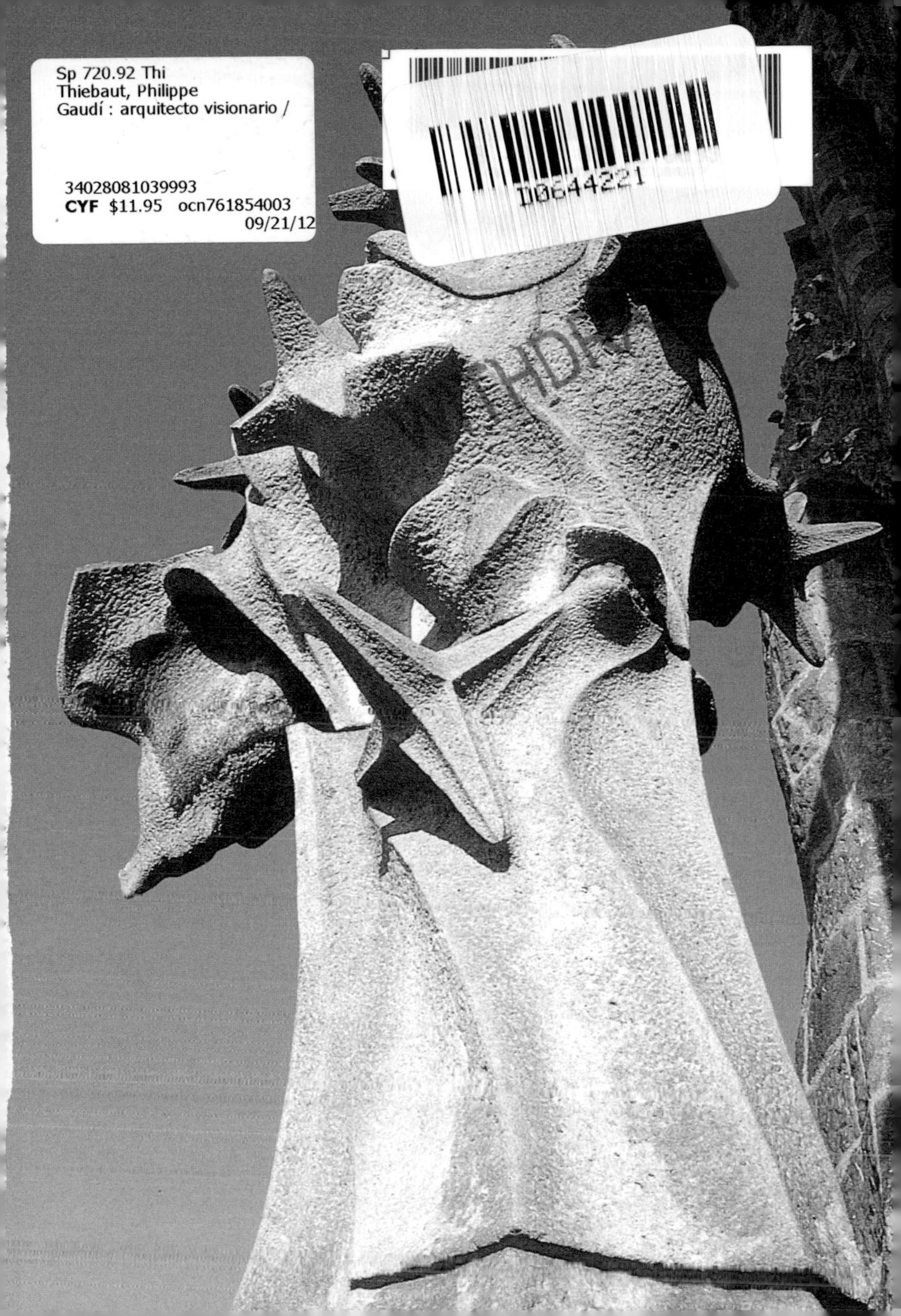

Gaudí
Arquitecto visionario

DESCUBRIR EL ARTE

BIBLIOTECA ILUSTRADA

7

BLUME

PHILIPPE THIÉBAUT

Especialista en Art Nouveau, Philippe Thiébaut es conservador responsable del Museo de Orsay. Ha comisariado varias exposiciones: «Gallé» (París, Museo de Luxemburgo, 1985), «Guimard» (París, Museo de Orsay, 1992), «La lettre Art Nouveau en France» (París, Museo de Orsay, 1995), «L'École de Nancy 1889-1909. Art Nouveau et industries d'art» (Nancy, galería Poirel, 1999), «Robert de Montesquiou ou l'art de paraître» (París, Museo de Orsay, 1999) y «1990» (París, galerías nacionales del Grand Palais, 2000). Ha publicado numerosos artículos y ensayos tanto en Francia como en el extranjero.

BLUME

Título original:
Gaudí. Bâtisseur visionnaire

Equipo editorial de la edición en francés:
Pierre Marchand, Elisabeth de Farcy, Anne Lemaire,
Alain Gouessant, Isabelle de Latour, Fabienne
Brifault, Madeleine Giai-Levra, Frédéric Morvan,
Anne Soto, Valentina Lepore.

Traducción:
Marina Huguet Cuevas

**Revisión especializada de la edición
en lengua española:**
Josep Maria Rovira Gimeno
Catedrático
Escuela Técnica Superior de Arquitectura de Barcelona
Universidad Politécnica de Catalunya

Coordinación de la edición en lengua española:
Cristina Rodríguez Fischer

Primera edición en lengua española 2011

© 2011 Naturart, S. A. Editado por BLUME
Av. Mare de Déu de Lorda, 20
08034 Barcelona
Tel. 93 205 40 00 Fax 93 205 14 41
e-mail: info@blume.net
© 2001 Gallimard, París (Francia)

I.S.B.N.: 978-84-8076-930-3
Depósito legal: B-6.387-2011
Impreso en Tallers Gràfics Soler,
Esplugues de Llobregat (Barcelona)

WWW.BLUME.NET

Este libro se ha impreso sobre papel manufacturado
con materia prima procedente de bosques sostenibles.
En la producción de nuestros libros procuramos,
con el máximo empeño, cumplir con los requisitos
medioambientales que promueven la conservación
y el uso sostenible de los bosques, en especial
de los bosques primarios. Asimismo, en nuestra
preocupación por el planeta, intentamos emplear
al máximo materiales reciclados, y solicitamos
a nuestros proveedores que usen materiales de
manufactura cuya fabricación esté libre de cloro
elemental (ECF) o de metales pesados, entre otros.

CONTENIDO

La carrera de Antoni Gaudí i Cornet, nacido el 25 de junio de 1852 en Reus, provincia de Tarragona, está estrechamente vinculada a una ciudad: Barcelona. En la capital catalana el arquitecto construye, entre 1883 y el 7 de junio de 1926 (día en que fue arrollado por un tranvía), casi toda su obra, que abarca residencias privadas, escuelas, edificios de viviendas, un parque y una catedral: el templo expiatorio de la Sagrada Familia, en el que trabajó desde 1883 y que no pudo terminar.

CAPÍTULO 1

UN ARQUITECTO, UNA CIUDAD

Gaudí, en la fotografía (*derecha*) hacia 1878, en la época en que acaba sus estudios y empieza a trabajar en el paisaje urbano de Barcelona. *Izquierda*, el arco de Triunfo concebido por Josep Vilaseca para la entrada monumental de la Exposición Universal de Barcelona que se inaugura en 1888.

Los inicios profesionales de Gaudí coinciden con los preparativos de la Exposición Universal de 1888. Este acontecimiento simboliza la prosperidad de Barcelona y consagra el éxito de su burguesía. A pesar del crac bursátil de 1882, de una inestabilidad social bastante notoria –en 1902, una prolongada huelga general provoca una gran represión por parte del Gobierno y de los industriales– y de una intensa actividad anarquista –el 7 de octubre de 1893, la bomba arrojada en el Liceo causa veinte muertos y cincuenta heridos, y, en 1904 y 1905, el presidente del Gobierno Antonio Maura y el cardenal Casanyas son víctimas de atentados–, la ciudad vive un período de dinamismo político, económico y cultural del todo extraordinario. La ciudad alberga a una burguesía que no para de enriquecerse gracias a las relaciones que mantiene con las colonias americanas (perdidas en 1893),

El 20 de mayo de 1888, día de la inauguración oficial de la Exposición Universal por parte de la regente María Cristina, la flota internacional, anclada en el puerto de Barcelona (*inferior*), dispara una salva de 432 cañonazos. La intensa actividad del puerto contradecía algo que se decía comúnmente en la época: que Barcelona vivía de espaldas al mar.

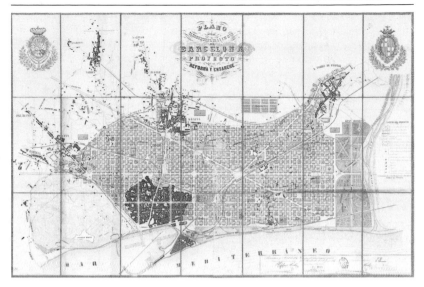

al progreso que ésta fomenta en el dominio agrícola y a su compromiso con el desarrollo industrial.

Barcelona no sólo cuenta con un puerto que alberga los fletes más importantes de todo el Mediterráneo, sino también los altos hornos cuya actividad la convierte en la indiscutible capital industrial del Estado español. También en Barcelona se instala, en 1873, la primera central eléctrica de España y en el año 1848 se inaugura la primera línea férrea del país, que une Barcelona con Mataró.

Una ciudad en expansión

Una obra de estas características suscita un aumento considerable de la población –de 330.000 habitantes en 1878 pasa a 509.000 en 1897 y a 587.000 en 1910–. Todas esas personas pueden ser acogidas sin problemas por la ciudad, ya que su superficie también aumenta considerablemente tras la demolición de las murallas, llevada a cabo desde 1854. Tras la retícula diseñada por el ingeniero y urbanista Ildefons Cerdà i Sunyer (1816-1875), surge una nueva ciudad: l'Eixample (el Ensanche). Literalmente proyectado a partir de las murallas, sigue un modelo de retícula, racional

En 1851, el municipio de Barcelona solicita al Estado que la ciudad deje de ser una plaza fuerte. Ocho años más tarde, una ordenanza real encarga a Ildefonso Cerdà que diseñe un plan para ampliar la ciudad, que es seguida por fuertes manifestaciones de autonomía que fuerzan al Ayuntamiento a lanzar un concurso. La idea es aceptada por Madrid, pero sólo a título informativo para poder comparar los proyectos premiados con el de Cerdà. El vencedor del concurso es el arquitecto municipal, pero el proyecto de Cerdà (*superior*), aprobado anteriormente, es definitivamente aceptado el año 1860.

Passeig de Gràcia

pero monótono, desde la ciudad medieval, entre
la plaça Catalunya (plaza de Cataluña) y el pequeño
pueblo de Gràcia. Este extenso tramo urbano
se va llenando con mucha lentitud. A finales
de la década de 1870, la ciudad da todavía una
impresión de inmensidad y de vacío que poco
a poco llena la actividad de la década de 1880,
estimulada en gran parte por los preparativos
de la Exposición Universal.

A través de las observaciones del crítico Josep
Yxart (1852-1895), podemos hacernos una idea
de lo que supuso una empresa como ésta. Más
cercano a nuestra época, el escritor Eduardo Mendoza
la evoca de un modo magistral y a todo color en
su novela publicada en 1986, *La ciudad de los
prodigios*, que narra la extraordinaria aventura
del campesino catalán Onofre Bouvila, que llega
a la ciudad para encontrar trabajo en las obras de
la Exposición, la cual recorre entregando folletos
subversivos, y que se convierte en un símbolo
del vertiginoso y febril crecimiento de la ciudad:
Onofre pasa de ser un vendedor ambulante anarquista
a convertirse en un importante industrial vanguardista.

La identidad catalana

Una explosión demográfica y una mutación económica de esta magnitud crean condiciones favorables para un florecimiento intelectual y cultural. Éste apunta al restablecimiento de la identidad catalana, destruida por la centralización política de Madrid y la supremacía administrativa de la lengua castellana. Ya en la época romántica, el movimiento de la Renaixença restablece la lengua y las tradiciones catalanas, pero hasta finales de siglo no se concretan dichas reivindicaciones, beneficiadas por el poder de Barcelona. El movimiento se sirve notablemente de un instrumento de difusión: la revista *L'Avenç*, cuyo primer número aparece en 1881. Aunque esta publicación, nacida de la iniciativa de Jaume Massó i Torrents, a quien se le atribuye el primer intento de establecer la gramática catalana, sólo desempeña un papel muy limitado dentro de la esfera artística, incita a la elite a volcarse en la cultura

El passeig de Gràcia (*izquierda*), una de las dos avenidas diagonales que atraviesan la vasta retícula de calles de unos 20 m de ancho, propuesto por Cerdà en 1859. A lo largo de las décadas siguientes, se invierten grandes capitales en el centro de l'Eixample, que alberga tiendas, restaurantes y teatros en los que se aglutina una multitud evocada por el maestro del naturalismo catalán, Narcís Oller, en su novela *La febre d'or* (1890-1892).

La cantidad de materiales utilizados en las obras de la Exposición Universal era tal que en las columnas de un periódico de la época se podía leer: «La producción de todas las fábricas de ladrillos casi se ha agotado; lo mismo pasa con el cemento que llega en grandes cantidades de diferentes puntos del principado y del extranjero. Sólo para el gran Palacio de la Industria, cada día se utilizan 800 quintales de este material.» En la fotografía (*izquierda*), el Palacio de la Industria durante su construcción.

La construcción del arco de Triunfo polícromo, que marca la entrada a la Exposición Universal (*izquierda*), constituye el punto álgido de la carrera del arquitecto Josep Vilaseca, muy activo durante la década de 1880. Vilaseca es una personalidad interesante de la vida artística barcelonesa durante los últimos veinte años del siglo XIX. Como profesor de la Escuela Provincial de Arquitectura, amplió considerablemente la cultura de los estudiantes. Se preocupó en especial por la relación que existía entre la arquitectura y las artes decorativas. Entre 1883 y 1885 concibe para un vendedor de paraguas del Pla de la Boqueria una fachada de espíritu ajaponesado, única en la decoración urbana barcelonesa. La casa que construye en 1884 para albergar los talleres de ebanistería dirigidos por Francesc Vidal puede parecer un símbolo del renacimiento de las artes decorativas en Barcelona, y es en los talleres de ese pequeño edificio neogótico donde se realizan los muebles creados por Gaudí para el Palacio Güell.

catalana y a participar en el establecimiento del Modernisme, término utilizado para nombrar el Art Nouveau catalán.

El Modernismo catalán

Los preparativos de la Exposición Universal desencadenan la primera oleada de dicho Modernismo. Como en cualquier manifestación de este tipo, construcciones provisionales se sitúan al lado de aquellas que están llamadas a perdurar. Entre los monumentos que siguen en pie, dos desprenden las ideas arquitectónicas de esa manifestación: el arco de Triunfo realizado

por Josep Vilaseca i Casanovas (1848-1919)
que marcaba la entrada a la Exposición y
el café-restaurante Castell dels Tres Dragons,
que alberga en la actualidad el Museo de Zoología,
creado por Lluís Domènech i Montaner (1849-1923),
también autor del Hotel Internacional, derribado
después de la Exposición. Mientras que el primero
reinterpreta de un modo voluntariamente poco
ortodoxo el tema clásico del arco de Triunfo,
el segundo reproduce la imagen de un castillo
medieval ideal que, sin embargo, se beneficia
del progreso de la industria moderna, ya que
sus fachadas descansan sobre una estructura

Domènech i
Montaner, arquitecto
y político, marcó
profundamente
el paisaje urbano de
Barcelona. Es el autor,
aparte del Castillo
de los Tres Dragones
(*superior*), del
Hospital de Sant
Pau (1902-1912),
del Palau de la Música
Catalana (1905-1908)
así como de edificios
privados como la
Casa Lleó Morera.

de hierro laminado. El punto común de estas dos construcciones es que están construidas íntegramente en ladrillo rojo mecánico, material antiguo y barato cuyas virtudes no dejan de resaltar los libros de arquitectura desde finales de la década de 1860. La junta casi inexistente de la fábrica de ladrillo fue posible gracias al perfeccionamiento cada vez mayor de la producción del material, que consigue una gran exactitud y una construcción fácil y rápida. Los muros y los paramentos presentan una superficie de una continuidad ininterrumpida, bien por la elección deliberada de las líneas arquitectónicas o bien por la ornamentación. Evidentemente, Cataluña estaba al corriente de las nuevas técnicas de construcción y se preocupaba de explotarlas todas.

Gaudí, colaborador de Fontserè

Gaudí no participa de manera directa y oficial en la Exposición de 1888, pero en esa fecha ya contribuye al embellecimiento urbano de Barcelona. Aunque su proyecto de 1877 para construir una fuente monumental en la plaça Catalunya no es aceptado, las grandes farolas en piedra y bronce que concibe al año siguiente en el marco de un concurso organizado por la ciudad de Barcelona son instaladas en la plaça Reial, inaugurada en septiembre de 1879, así como en el plà de Palau. El tema del alumbrado urbano debía originar en la Barcelona modernista sorprendentes creaciones. El arquitecto Pere Falqués i Urpí (1850-1916), por ejemplo, concibe en 1888,

Entre los primeros proyectos de mobiliario urbano concebidos por Gaudí figura un quiosco de venta de flores. Fue encargado al joven arquitecto por Enrique Girossi, un comerciante que pidió al municipio

de Barcelona la autorización para instalar una quincena de ellos en diferentes puntos de la ciudad y ocuparse de su gestión. Rechazado por el consistorio, el proyecto de Gaudí (*superior*), a diferencia de sus diferentes modelos de luminarias de la misma época, como los de la plaça Reial (*derecha*), no se llevó a cabo.

y más tarde en 1906, unas gigantescas luminarias, a cual más atrevida, que presentan exuberantes estructuras metálicas. Las primeras, instaladas en la perspectiva del arco de Triunfo de Vilaseca, evocan, con sus dos inmensos brazos abiertos sujetos por tensores, grúas en acción, mientras que las segundas, instaladas en el passeig de Gràcia, delatan con toda claridad la influencia de Gaudí tanto desde el punto de vista formal como técnico: la parte metálica no se engasta sobre una base de piedra, sino sobre un doble banco con formas redondeadas recubierto de *trencadís* (pedazos de azulejos de cerámica).

Las farolas de Gaudí coinciden en el tiempo con el inicio de su colaboración con el arquitecto Josep Fontserè i Mestre (1829-1897), el cual fue escogido jefe de obras del parc de la Ciutadella, cuya reordenación, que tuvo lugar después de la destrucción de la ciudadela del siglo XVIII, se sitúa dentro de los trabajos de la Exposición. Gaudí trabaja para Fontserè en el período comprendido entre 1877 y 1882 y, sin duda alguna, desempeñó un papel de importancia en la concepción del portal, de los trofeos y de las farolas en hierro forjado que delimitan la entrada del parque.

Formación clásica

Gaudí empezó a trabajar para Fontserè un año
antes de obtener, el 15 de marzo de 1878, su
título de arquitecto. Disponemos de muy poca
información sobre su formación. Sabemos que
realizó sus estudios secundarios en su ciudad
natal, Reus, en las Escuelas Pías, que se instaló
en Barcelona en 1869 para estudiar arquitectura,
pero que no lo admitieron en la Escuela
Provincial de Arquitectura hasta el año 1873,
a la edad de 22 años. En ese período, como
en el resto de su vida, hay que remitirse a los
testimonios de sus discípulos que recogieron
y transmitieron sus palabras: José F. Ràfols
(*Gaudí*, 1929), César Martinelli (*Conversaciones
con Gaudí*, 1952), Joan Bergós (*Gaudí*, 1954)
e Isidro Puig Boada (*El pensament de Gaudí*, 1981).

Por Bergós sabemos que al estudiante Gaudí le
costaba ceñirse a las estrictas reglas de los ejercicios
encargados por los profesores. Le contó, entre
otras cosas, que no aprobó un proyecto para
el portal del cementerio. Incapaz de concebir el
portal separado de su entorno, al principio dibujó
el camino que conducía al cementerio, con un
coche fúnebre y personas enlutadas, aparte de
un fondo de cipreses y un cielo lleno de nubarrones
grises, con el objetivo de sugerir la atmósfera
apropiada para el tema propuesto. El profesor no
le dejó terminar el ejercicio, alegando que ése
no era el modo de proceder. El joven rechazó
cambiar su enfoque y salió de la clase. Gaudí contó
también a su alumno Bergós cómo aprobó la parte
de mecánica: acababa de empezar a trabajar con
Fontserè, que entonces se encargaba de la construcción
de la fuente monumental del parc de la Ciutadella
–inspirada en la del Palacio Longchamp, construido
en Marsella por Henry Espérandieu (1829-1874)–,
y solucionó, mediante brillantes cálculos de
estática, el complejo tema de la reserva reguladora
de agua. Su profesor de mecánica, Joan Torras
i Guardiola (1827-1910), amigo de Fontserè,
al ver un día ese proyecto, sintió admiración
por su autor y se interesó por él. El día del examen,

En 1869, el general
Juan Prim autoriza
la reconversión de la
ciudadela erigida a
principios del siglo XVIII.
El Ayuntamiento decide
transformar sus 60
hectáreas en parques
y jardines. En 1871,
se lanza un concurso
público internacional,
que gana el arquitecto
Josep Fontserè i
Mestre, cuyo diseño,
aunque se acepta
al año siguiente,
sufre profundas
modificaciones cuando
se decide celebrar la
Exposición Universal
de 1888 en la ciudad.

lo aprobó aunque el alumno en cuestión no sabía
nada sobre su curso.

Gaudí, al poco de trabajar como diseñador en
una agencia, conoció las realidades y a las personas
del oficio. Antes de estar al servicio de Fontserè,
había trabajado, durante dos años, con el arquitecto
diocesano Francesc de Paula del Villar (1828-1903).
Éste daba clases en la Escuela Provincial de
Arquitectura, que dirigía Elies Rogent i Amat
(1821-1897), gran admirador de la «escuela diocesana»
francesa y de su orientación racionalista. Una de
sus principales decisiones como director fue hacer
obligatoria la lectura del famoso *Dictionnaire
raisonné de l'architecture française du XIe au
XVIe siècle*, publicado de 1854 a 1868 por Eugène
Viollet-le-Duc (1814-1879). En calidad de profesor,
dedicó una parte de su curso al estudio de las teorías

En el parc de la
Ciutadella, Fontserè
construye imponentes
invernaderos, notables
por sus naves en
cascada, así como una
fuente monumental,
erigida en 1881
(*superior*), que reúne
todas las convenciones
del academicismo,
pero que no carece de
un fuerte sentido de
la puesta en escena.
Fontserè es conocido
también por ser el
autor del extraordinario
mercado cubierto de
El Born, construido
no muy lejos del parque
entre 1874 y 1876.

del arquitecto francés e insistía sobre todo
en lo esencial de su mensaje: el estudio de las
formas arquitectónicas del pasado no implica
por fuerza una actitud nostálgica hacia el pasado,
sino que resulta el medio más seguro para librarse
del peso, buscando de ese pasado los medios
técnicos que habían solucionado las necesidades
específicas de la época. Por ello no hay duda
en la veracidad de las palabras de los discípulos
de Gaudí según las cuales su maestro consideraba
que el descubrimiento del racionalismo francés
fue fundamental para él durante sus años de
estudio.

Aun así, las restauraciones que hizo
Viollet-le-Duc en Sant-Sernin de Toulouse,
que visitó cuando viajó al sudoeste de Francia,
y también en Carcassonne, donde el arquitecto
francés había trabajado, le decepcionaron
en gran medida. Cuando se marchó, exclamó:
«Marchémonos, no hemos aprendido nada.
Hay que estudiar la Edad Media para encontrarle
el sentido y seguir con el gótico omitiendo

el estilo flamígero». Pero su admiración por la obra teórica de Viollet-le-Duc lo llevó a adoptar unas ideas que resultaron decisivas para su futuro.

La ocasión se le presentó con el concurso lanzado en 1882 para la construcción de la fachada de la catedral de Barcelona. En la polémica que ésta causó, Gaudí se rodeó de los partidarios del proyecto modernista del arquitecto Joan Martorell i Monteis (1833-1906) –él mismo llevó a cabo, bajo la dirección de Martorell, el dibujo de la fachada presentada a concurso–, y luchó contra el proyecto arqueológico, que reproducía fielmente un edificio del siglo XIV y que finalmente aceptó el jurado.

Al año siguiente, Martorell, a quien se le propuso la dirección de la obra de la futura iglesia expiatoria de la Sagrada Familia, situada en un suburbio del Ensanche, rechazó la propuesta, pero propuso a Gaudí, quien, entonces con 31 años, aceptó la misión que lo ocupó el resto de su vida.

Cuando en noviembre de 1883 Gaudí retoma la obra de la Sagrada Familia, tras la dimisión de Paula del Villar, los pilares de la cripta, de estilo neogótico (*superior*), ya están erigidos hasta los capiteles. Gaudí los hace más altos de lo previsto para que entre más luz. *Superior izquierda*, la construcción diseñada por Gaudí y presentada por Martorell al concurso de 1882 para la fachada de la catedral de Barcelona; *inferior*, la construcción del ábside de Saint-Sernin de Toulouse restaurado por Viollet-le-Duc.

Todo arquitecto activo a finales del siglo XIX, deseoso de desprenderse del yugo de los estilos inspirados en el pasado, se rindió, en un momento u otro de su carrera, al ambiente historicista de su época. Gaudí, a pesar de su inmensa genialidad, no escapó a esa regla. También se mostró particularmente sensible a la policromía y la arquitectura de los árabes, a los que atribuía un sentido superior de la mecánica.

CAPÍTULO 2

DE ORIENTE AL NACIONALISMO CATALÁN

"La ornamentación ha tenido y tendrá color; cualquier elemento en el mundo vegetal, geológico, topográfico y animal es un contraste más o menos vivo de colores. Por ello, cualquier elemento arquitectónico debe tener color."
Antoni Gaudí, 1878

Derecha, un detalle del revestimiento de la Casa Vicens. *Izquierda*, un detalle de la torrecilla de la conserjería de la Finca Güell.

Gaudí, que frecuentaba asiduamente la biblioteca de la Escuela Provincial de Arquitectura de Barcelona, tenía un profundo conocimiento de la historia de la arquitectura. Gracias al testimonio de sus discípulos, sabemos cuánto agradecía a la fotografía que reprodujese con gran fidelidad la imagen de los edificios, que durante mucho tiempo había sido confiada al grabado.

En el estudio de las formas y decoraciones del pasado, cada país escoge elementos que por lo general corresponden a las épocas más gloriosas o emblemáticas de su pasado nacional. Por su parte, España se inclinó por el arte mudéjar; es decir, el arte cristiano influido por el arte musulmán en la época de la Reconquista, que se extendió del siglo XII al XVI. Este arte se percibía como una síntesis formal de éxito. Considerada como el origen mismo de la cultura española, se impuso por consiguiente como la referencia más eficaz en la lucha contra el eclecticismo ambiente, desprovisto de cualquier fundamento histórico.

"España se presenta, no sabemos por qué, con arquitectura árabe; es decir, con la arquitectura de un conquistador que durante mucho tiempo esclavizó el país. Debe ser, sin duda, para ofrecer el sabor de un viaje interno. Hay que pensar en el Palacio de la Alhambra de Granada, en miniatura, es cierto, pero rejuvenecido con todas las maravillas de dorados frescos y de coloridos azul, rojo y verde y hábilmente organizado en arabescos de [...] una fachada que estaría muy lograda, si fuera española."

Las curiosidades de la Exposición de 1878, Guía del visitante

En 1859, José Amador de los Ríos pronunció en
la Real Academia de Bellas Artes de San Fernando,
de Madrid, el discurso «El estilo mudéjar en
arquitectura», que suscitó un debate, a menudo
muy erudito, del que se hicieron eco las revistas
de la época. Su conclusión, aceptada unánimemente,
fue que no podía conseguirse un arte moderno
nacional sin tener en cuenta el arte mudéjar.
Esta fuente artística, en la que el arte español
creía regenerarse, fue muy bien acogida más
allá de las fronteras españolas con motivo de las
exposiciones universales que marcan la segunda
mitad del siglo XIX. Por ello, en Viena, en 1873,
en París, en 1878 –ese mismo año, el arquitecto
Domènech i Montaner publica el artículo
fundamental en la revista *La Renaixença*
titulado «En busca de una arquitectura
nacional» y más tarde en 1889, el pabellón
español siempre fue construido en estilo
neomudéjar.

Como todas las
ciudades europeas,
Barcelona cuenta
con tiendas, farmacias,
cafés y restaurantes
que atestiguan un
entusiasmo pasajero
por las nuevas
formas. El Café Torino
(*inferior*) se renueva
en ese sentido en 1902.
Numerosos artistas
catalanes fueron
contratados: el escultor
Eusebi Arnau y el
arquitecto Josep
Puig i Cadafalch.
Se importaron
mosaicos y luminarias
de Venecia y el
mobiliario fue realizado
por Thonet. Gaudí
diseñó los motivos
del revestimiento
mural del salón árabe.

Gaudí interpreta el estilo mudéjar

Muchas obras de Gaudí, notablemente
contemporáneas, se consideran
pertenecientes al estilo mudéjar,
aunque en realidad su carácter
«exótico» no corresponda sólo a esta
corriente. Buenos ejemplos de ello
son la residencia de verano que construyó
entre 1883 y 1888 para el fabricante
de azulejos de cerámica Manuel Vicens
Montaner, los pabellones de la segunda
residencia de la familia Güell realizados
entre 1884 y 1887 y, en Comillas, la
casa de verano El Capricho, edificada
de 1883 a 1885, para el conde don
Máximo Díaz de Quijano.

    ¿Qué tienen en común estos edificios
y qué les deben al arte musulmán?
A primera vista, las torres, torrecillas
y linternas que caracterizan su perfil
–en el caso de El Capricho, podemos
hablar de una verdadera torre con mirador–
evocan los minaretes y mezquitas de El Cairo,
monumentos que Gaudí descubrió al consultar

El pequeño pueblo
costero de Comillas
se beneficia de la
actividad de uno
de sus ciudadanos, el
negociante y financiero
Antonio López (1817-
1884), quien, convertido
en primer marqués de
Comillas, desea convertir
su pueblo natal en un
lugar de vacaciones para
una sociedad selecta.
Esta estrategia tiene un
éxito rotundo: la familia
real pasó el verano del
año 1881 en el palacio
que mandó construir
López. Escultores como
Joan Llimona y Eusebi
Arnau, arquitectos
como Martorell
–autor del palacio y del
monumento funerario
de López–, Domènech
i Montaner y Gaudí
trabajaron en Comillas
(*superior*, la finca
El Capricho).

obras y fotografías conservadas en la biblioteca
de la Escuela Provincial de Arquitectura.

Sin embargo, al mirarlas de cerca, esos remates
no reproducen una arquitectura musulmana concreta,
sino que sólo la evocan de un modo general, ya que
el arquitecto nunca se propuso hacer una reproducción
exacta de dichas características. Con un enfoque
totalmente ecléctico, Gaudí toma elementos de
aquí y de allí –una cornisa, un voladizo, una moldura,
un remate– que a continuación rehace y asocia
en un orden personal, sin preocuparse demasiado
por conseguir una unidad estilística. Consigue que
cada elemento tenga vida propia y parece indiferente
a su aislamiento plástico dentro del conjunto.

Lo mismo ocurre con la disposición a menudo
atrevida de los materiales y, por consiguiente,
del papel de la policromía. En la Casa Vicens,
por ejemplo, las fachadas dan la impresión de
estar literalmente vestidas con un traje entallado
hecho con una tela de rayas y cuadros. Franjas
de ladrillo y de azulejos –de dos tipos: unos unidos
y otros con motivos florales– alternados hábilmente
presentan unos colores inigualables. Sin embargo,
la alternancia no responde a nada sistemático
ni causa monotonía alguna. De hecho, en los dos

La obsesión colorista
que atestigua la
Casa Vicens (*inferior
izquierda y superior*)
no bebe ni del
historicismo ni
del eclecticismo,
sino del imaginario
occidental que no
deja, durante todo
el siglo XIX, de
asociar riqueza,
lujo, materiales
caros, fantasía
y formas fantásticas
a un Oriente que se
conocía a través de
los cuentos y relatos
de viajes. La Casa
Vicens, igual que
la Finca Güell,
parece una invitación
a cambiar de aires, a
soñar; las dos proponen
una visión de la
vivienda liberada de
las contingencias
de la época presente
y del mundo burgués.

primeros pisos, los ejes son horizontales, mientras que, del tercer piso a la terraza, éstos crean un vigoroso ritmo vertical.

En la finca El Capricho, los ornamentos se utilizan de un modo menos atrevido, ya que se limitan a una alternancia de franjas horizontales de azulejos de cerámica y de ladrillo. En cambio, la paleta es de una diversidad y de una intensidad infinitamente superiores. Pero es en la construcción de los pabellones de la Finca Güell (uno destinado al conserje y otro a los caballos) donde el revestimiento llega a la heterogeneidad. Los cimientos de los edificios son de piedra, los paramentos se componen de placas de tierra cocida en forma de conchas de color beis que interrumpen drásticamente los marcos de ladrillo rojo de las aberturas, que por el otro lado están cerradas por rejas de hierro forjado o por persianas de madera; las cúpulas y las linternas están recubiertas de azulejos de cerámica de colores brillantes, algunas de las cuales aplicadas desde la técnica del *trencadís* desarrollada en gran parte en la arquitectura gaudiniana.

La heterogeneidad de materiales y colores se acompaña de una heterogeneidad de volúmenes. De este modo, el cuerpo del pabellón del conserje, de forma octogonal, se sitúa sobre una cúpula circular a su vez coronada por una linterna; de dos de los lados de este octógono salen dos alas de planta rectangular.

Hacia 1860, el industrial Joan Güell (1800-1872), gran teórico catalán del proteccionismo económico, adquirió dos inmensas propiedades agrícolas. Encargó al arquitecto Martorell la modificación del *mas* que se hallaba allí. Cuando murió su padre, Eusebi Güell (1846-1918), que se había casado con la hija de Antonio López –con la que tuvo ocho hijos–, convirtió esa propiedad en un lugar de descanso privilegiado: la Finca Güell.

Sin embargo, estas características no son gratuitas, sino que responden al deseo de satisfacer racionalmente las exigencias de un programa específico, del mismo modo que el color tiene por función valorizar las articulaciones y los puntos fuertes de la fachada. Esos enfoques no dependen de la arquitectura musulmana, sino que beben de un racionalismo constructivo como el que proponía Viollet-le-Duc.

El surgimiento de una personalidad

A pesar de estas influencias, algunas ideas arquitectónicas y ornamentales sólo pertenecen a Gaudí. Éste es el caso de los arcos parabólicos que estructuran el espacio interior de las caballerizas de la Finca Güell. Otro ejemplo es el del rechazo a unir los muros en ángulo recto; los del pabellón del conserje se vaciaron por completo como los de ciertos sitios de la Casa Vicens. Estos vacíos, igual que el uso a veces violento del color, participan de una voluntad de desmaterializar la arquitectura, que terminará afianzándose en la Sagrada Familia. Lo mismo ocurre con la obra

En la casa y el jardín se llevaron a cabo numerosas transformaciones y se hicieron nuevas construcciones: un muro de cerca, un pabellón para el portero, unas caballerizas, una fuente y una entrada monumental que marcaba el punto de partida del camino que conducía a la residencia familiar. Todas estas obras se le confiaron a Gaudí en 1883 (*superior*, hacia 1916). El sacerdote y poeta contemporáneo Jacint Verdaguer bautizó la propiedad con el nombre de «Torre Satalia» en doble homenaje a una variedad de rosa blanca y a la ciudad mítica de Asia Menor.

de hierro forjado del portal de la Finca Güell. Formada con un solo batiente de donde surge un inmenso dragón con la boca abierta y mostrando todas las garras, ésta explota desde el punto de vista técnico todas las posibilidades que ofrecen los avances de la industria –producción de chapas y relieves metálicos– y los conocimientos tradicionales del trabajo del hierro forjado. La estructura está asegurada mediante elementos prefabricados en forma de T y L. En cuanto al cuerpo del monstruo, éste está formado por una barra de hierro alrededor de la cual se enrolla un muelle cuyo grosor varía, y las patas articuladas están recubiertas de escamas de chapa repujada; la de la izquierda está dotada de una articulación móvil que la puerta acciona al abrirse.

La presencia de un naranjo que corona el pilar de ladrillos sobre el que se apoya la reja principal así como la de una lira suspendida en la reja pequeña de la entrada peatonal llevaron a algunos historiadores a ver en él una obra dotada de connotaciones simbólicas. El responsable

Mediante el uso de los arcos parabólicos –ni cimbrados ni ojivales– para las caballerizas de la Finca Güell (*superior*), Gaudí sigue la tradición de la arquitectura gótica catalana. Por ejemplo, las largas naves de los dormitorios comunitarios de las novicias y de los monjes del monasterio de Poblet –las primeras son del siglo XIII, y las segundas, del siglo XV– presentan una sucesión diafragmática de arcos muy parecida. A Gaudí también le gustaba mucho ese monasterio, cuya iluminación ideó él en la primavera de 1882. *Derecha*, detalle de la fachada de la conserjería de la Finca Güell.

Quizás a causa de este atavismo, Gaudí transformó la práctica del herraje en un trabajo espacial, explotando los llenos, los vacíos y las profundidades. El grafismo presenta una virtuosidad asombrosa, que incluye estilizados motivos vegetales como las palmas de la reja de la valla de la Casa Vicens (*véase* pág. 35, *inferior*) o los dragones protectores de la Finca Güell y de la Casa Vicens (*véanse* págs. 34 y 35, *superior*). Según Ricardo Opisso, Gaudí pasaba largos ratos en una fragua de la calle Roger de Flor; un día, irritado por la torpeza de un trabajador, le quitó los martillos de las manos al trabajador y dio «golpes apocalípticos sobre el yunque, empezando con un terrible furor y una fuerza colosal para enderezar y modelar el hierro incandescente según su voluntad».

de ello podría haber sido el sacerdote y poeta Jacint Verdaguer, quien ganó los Juegos Florales de 1877 con el poema épico «L'Atlàntida», en que relataba los trabajos de Hércules y la desaparición de la Atlántida. En el canto X aparecen un dragón encadenado y un naranjo que recuerdan al célebre jardín de las Hespérides de la mitología griega. Verdaguer era un conocido de Eusebi Güell, para quien se creó esta virtuosa composición.

Jefe de obras excepcional

Sea como fuere, la construcción de este conjunto, aunque de proporciones modestas, demostró que Gaudí había encontrado en Güell un mecenas para todos sus atrevimientos. Eusebi Güell i Bacigalupi (1846-1918) –del que Gaudí dijo: «Es un gran señor, tiene el espíritu de príncipe, parecido al de los Medici de Florencia y de los Doria de Génova»–, fue con toda seguridad el mecenas ideal, quien permitió a la genialidad del arquitecto expresarse con total libertad. Durante la década de 1870, Güell participó en la vida política de Barcelona, pero debe

su poder y su influencia especialmente a su actividad económica.

Güell se hallaba a la cabeza de importantes industrias textiles y uno de sus colaboradores, Ferran Alsina, célebre por sus investigaciones científicas aplicadas al campo de la industria, consiguió aumentar de manera espectacular su rendimiento a través de la introducción de nuevas máquinas y nuevos métodos de trabajo.

Precisamente para este «Doge», como gustaba llamarlo Gaudí, el arquitecto construyó entre 1886 y 1889 un palacio urbano lleno de innovaciones tanto desde el punto de vista de la estructura y de los volúmenes como de la distribución espacial. Por otro lado, el artista se enfrentó por primera vez a la cuestión del interiorismo, en este caso de una envergadura totalmente excepcional, y que se esmeró por resolver de un modo suntuoso. Esta suntuosidad, además, marca un sobrecogedor contraste al compararla con la austeridad del exterior, que, a primera vista, evoca el gótico veneciano, pero que debe más a Viollet-le-Duc. El Palacio Güell, que era vivienda pero también lugar para celebrar recepciones oficiales, está formado por seis pisos; uno de ellos es un sorprendente sótano reservado a las caballerizas a las que se accede por una rampa helicoidal soportada por pilares cilíndricos en ladrillos coronados por capiteles troncocónicos. En el primer piso, la sala que se halla en el centro mismo del edificio está cubierta por una inmensa cúpula de doble bóveda, calada de pequeños orificios circulares. Ésta alberga una capilla y da acceso al comedor, que se comunica con un salón privado y un billar.

En este mismo piso desemboca la escalera de honor, que nace en la planta baja y que conduce a un vestíbulo en el que se sitúan un salón y una sala de recepción. Los

En 1888, aunque el interior de su palacio no estaba todavía terminado, Güell da una fiesta en honor de la familia real. El edificio fue concebido sobre todo con fines representativos (*derecha*, el recibidor). El hecho de que se escogiera la principal arteria del centro histórico de Barcelona para el palacio, las Ramblas, se explica por el deseo de Güell de que éste constase entre las residencias más prestigiosas del siglo XVIII. Güell es caricaturizado con frecuencia por la prensa barcelonesa. Aquí aparece delante del pabellón de su parque con unas cestas llenas de robellones (*rovellons*), que hace alusión a ciertas formas arquitectónicas del parque.

pisos superiores están destinados a las habitaciones:
de los dueños, los invitados y el personal doméstico.

La austeridad de la fachada, desprovista de
cualquier escultura y de todo elemento policromo
–sólo cuenta con un ornamento, el del porche de
entrada: un escudo colosal de Cataluña en hierro
forjado–, se ve incrementada por el revestimiento
en piedra grande que interrumpe en algunos
lugares el mármol utilizado en la planta baja,
en el entresuelo y por las columnas de la inmensa
tribuna que recorre casi todo lo largo del segundo
y del tercer piso.

La mayoría de los muebles diseñados para el
Palacio Güell corresponden a las corrientes neogótica
y neorrococó ya que el palacio que quería Güell
era también un lugar destinado a albergar y exponer
sus colecciones de arte antiguo, en las que el arte
catalán medieval tenía un lugar especial. Sin embargo,
algunos rompen con todo lo que se había hecho
hasta ese momento en el campo del mobiliario.
Un buen ejemplo de ello es una *chaise longue*
que presenta un sorprendente contraste entre su
cómodo acolchado y su armazón en hierro forjado.
Lo mismo ocurre con un tocador cuya estabilidad
parece en todo momento verse amenazada: el espejo

¿Se puede hacer
algo más original
que este conjunto
de caminos fantásticos,
formados por restos
de materiales de
construcción? Los
fragmentos de vidrio,
pedazos de mármol
inútiles, azulejos rotos,
restos de hornos de cal,
combinados al azar,
en formas ingeniosas
y quiméricas, forman
un conjunto brillante,
rico en color, mediante

voluntariamente cojo hace imposible cualquier simetría mientras que las patas sugieren el movimiento de un animal en marcha. La extremada fantasía de esas inéditas formas se hace eco de la riqueza «oriental» de los remates de las chimeneas, diferentes los unos de los otros, que coronaban los múltiples caminos y bocas de ventilación de la terraza a modo de piezas de un inverosímil juego de ajedrez. Éstas anuncian las siluetas aún más sorprendentes que se erigirán unos años más tarde en la ondulante terraza de la Casa Milà, transformada en laberinto de tiempos pasados lleno de impasibles y misteriosos guerreros.

el cual se demuestra que un verdadero artista consigue hacer brotar la belleza de los mismos escombros.**
La Vanguardia,
3 de agosto de 1890
(por Frederic Rahola,
secretario de una
organización patronal
proteccionista,
vinculado al mundo
de la política y de
los negocios con
Eusebi Güell)

El carácter suntuoso y «barroco» de la decoración interior del Palacio Güell, el origen palladiano de la planta del gran salón central y la gran originalidad de ciertos espacios no pueden ocultar lo que la arquitectura del lugar debe a la reflexión neogótica. Gaudí realiza una verdadera revisión del estilo gótico y concluye al fin que era en efecto un estilo, pero un estilo no del todo satisfactorio: «El arte gótico es imperfecto [...] es el estilo del ritmo, de la fórmula, de la repetición en cadena».

CAPÍTULO 3

GÓTICO Y RACIONALISMO

Aunque la pobreza constituía una de las normas esenciales de la orden de santa Teresa de Ávila y aunque el material utilizado para la construcción del Colegio de las Teresianas se distingue por su carácter económico, Gaudí confirió al edificio cierta majestuosidad que se hace patente sobre todo en las almenas de la cubierta (*izquierda*). *Derecha*, el capitel de un pilar del vestíbulo del Palacio Episcopal de Astorga.

En ningún momento Gaudí intentó disimular la deuda que tenía con Viollet-le-Duc y particularmente con sus obras teóricas. Aunque las restauraciones realizadas por el maestro francés entre 1860 y 1877 en Sant-Sernin de Toulouse fueron para él una gran decepción, la lectura del *Dictionnaire raisonné de l'architecture française* le enseñó muchísimas cosas, sobre todo durante la creación del Palacio Güell. El único elemento que da vida a la larga y austera fachada de éste, a saber, la estrecha tribuna cubierta que sobresale y que en el interior se desdobla mediante un juego de columnas, podría haber sido tomada prestada de la ampliación que hizo Viollet-le-Duc en una casa medieval de Cluny.

Como guía en sus reflexiones sobre «modernidad», los arquitectos de finales del siglo XIX disponían de los escritos teóricos de Eugène Viollet-le-Duc (*inferior*) –entre ellos de los diez volúmenes del *Dictionnaire raisonné de l'architecture française*–, excepcionales como herramienta y método, cuya utilidad no dejaron de elogiar.

Además, no puede negarse que la planta del gran salón central, que evoca a priori a Palladio, proceda de Viollet-le-Duc: en el decimonoveno de los *Entretiens sur l'architecture* publicados en 1863 se alaba la racionalidad de la disposición interior de una construcción inglesa, el castillo de Warkworth, organizado alrededor de un tragaluz central que engloba la escalera y está coronado por un lucernario.

Sucesor de Viollet-le-Duc

La sombra de Viollet-le-Duc planea sobre otros dos edificios de Gaudí cuya construcción tiene lugar después de empezar las obras del Palacio Güell: el palacio del obispo de Astorga, construido en León entre 1887 y 1893, y el Colegio de las Teresianas (hermanas de santa Teresa de Ávila), erigido en Barcelona en un tiempo récord, de 1888 a 1890. La idea de un volumen rectangular de extrema sencillez que caracteriza los dos edificios podía tener su origen en los dibujos y comentarios del *Dictionnaire* relativos a las cocinas y a la enfermería de la abadía de Sainte-Marie de Breteuil, en el departamento francés de Oise.

También hallamos en ellos una solución que experimentó hacía muy poco en el Palacio Güell: el tragaluz central. Quizás es con la construcción del Colegio de las Teresianas, encargado por el fundador de la orden, don Enrique d'Ossó, cuando

En todas las fachadas y todos los pisos del Colegio de las Teresianas, las ventanas presentan un trazado ojival. Sin embargo, éste se ve atenuado por la forma rectangular de los postigos de madera, a menudo rebajados, así como por el enorme volumen paralelepipédico de la tribuna saliente que marca la entrada.

Gaudí se acerca más al estilo de Viollet-le-Duc, ya que la construcción final responde a los diferentes aspectos del concepto del recogimiento, de la reflexión y de la austeridad. Esas características se imponen cuando observamos el gigantesco volumen paralelepipédico calado por un módulo de ventanas idéntico que se repite a un ritmo imperturbable y regular en las cuatro fachadas.

Como las hermanas no disponían de medios comparables a los de un magnate de la industria, el arquitecto escogió unos bastos mampuestos para los tres primeros pisos; el cuarto se construyó por completo con ladrillos industriales que constituyen además los marcos de todas las aberturas y la banda decorativa que separa cada piso, que está adornada por un blasón de religiosas en cerámica de color rojo sangre. Al tratarse de un edificio destinado a la enseñanza y que albergaría

En el primer piso del Colegio de las Teresianas, los ladrillos que forman los grandes arcos parabólicos de los pasillos, a diferencia de la planta baja, se enyesaron, algo frecuente en el arte mudéjar. Se trata de una hábil manera de ganar luz para el interior.

a alumnos internos y externos, el arquitecto se decanta por las condiciones de circulación, alojamiento e iluminación más eficaces. Las aulas se sitúan en el primer y el segundo piso, y las habitaciones, en el tercer y el cuarto piso.

Con el fin de dejar entrar la máxima luz posible en los lugares de trabajo, las aberturas son más grandes en los primeros pisos. Un pasillo, que atraviesa la planta baja de un lado al otro del edificio, da acceso a las aulas; en el primer piso, éste se desdobla alrededor de un patio interior que sirve también de fuente luminosa. Este espacio mínimo y racionalista podría ser de un edificio industrial y está muy marcado por la genialidad plástica de Gaudí. Vuelve a aparecer aquí su voluntad, ya observada en la Finca Güell, de vaciar las aristas de los muros exteriores; en los dos últimos pisos, el vacío se prolonga hacia las torres que éste crea; la cavidad que de este modo aparece para albergar el emblema de la orden que da la impresión de estar flotando en el aire como un estandarte. Sin embargo, la huella más significativa de la personalidad de Gaudí reside en la sustitución de la bóveda gótica por el famoso arco parabólico: éste, en el exterior, confiere a las ventanas su forma tan típica y, en el interior, elevado para disminuir al máximo la presión de los laterales, crea unos largos deambulatorios más propicios al recogimiento y a la meditación de los alumnos que a sus actividades recreativas.

Como en el Palacio Güell, la austeridad de la fachada principal del Colegio de las Teresianas se ve atenuada por un imponente portal en hierro forjado de dos batientes que ocupa la parte inferior del arco parabólico de la entrada. Las ventanas con forma parabólica de la planta baja están cubiertas de rejas de hierro forjado; en su diseño aparecen las iniciales del nombre de Jesús.

Una obra problemática

Es sorprendente no encontrar en ningún momento arcos parecidos a los del Palacio Episcopal de Astorga, donde, como en el Colegio de las Teresianas y en el Palacio Güell, el espacio interior se organiza a partir de un gran vacío central. De hecho, un tragaluz cuyas paredes constituyen una escalera ocupa el centro del edificio, mientras que la última planta se presenta bajo la forma de un vacío inmenso: los muros son reemplazados por ventanas que dejan entrar una luz abundante que

desmaterializa el espacio. Sin embargo, Gaudí no terminó el palacio como máximo responsable, ya que, al desaparecer en 1893 el obispo mecenas, monseñor Joan Baptista Grau, el cabildo de la catedral, presionado por los empresarios locales, celosos de las prerrogativas de los obreros llegados de Barcelona tras la estela de Gaudí, despidió al arquitecto y a su equipo. Sus fachadas, que presentan una gran unidad, sus volúmenes de verticalidad pronunciada y sus elegantes torrecillas convierten al palacio, tal y como se conserva en la actualidad, en un bello ejemplo de un neogótico perfectamente ortodoxo.

Sin embargo, las vicisitudes de esa obra no impidieron de ningún modo a Gaudí que siguiese con su actividad en León; construye, en el centro

A causa de las frecuentes nevadas que había en León, Gaudí resolvió la cubierta de la Casa de Botines (*superior*) con una fina capa de pizarra, y sus torrecillas, esquineras, de piñones. La fórmula fue muy apreciada y adoptada por arquitectos de Barcelona, lo que hacía gracia a Gaudí: «Son demasiado previsores; ponen techos puntiagudos en los edificios por si el clima fuese a cambiar».

histórico de la ciudad, la Casa de Botines para dos amigos de Eusebi Güell, los comerciantes de tejidos Fernández y Andrés. Como ocurrió en determinadas viviendas de Barcelona, Gaudí instala en la planta baja los espacios reservados a los negocios de los propietarios mientras que en las plantas superiores se destinan numerosos pisos. Desde un punto de vista formal, el edificio bebe también, por su imponente masa compacta, del neogótico. Aquí el dinamismo vertical, que tanto gustaba a Gaudí, va desapareciendo y sólo aparece en algunos elementos: tragaluces, caminos y, sobre todo, torrecillas esquineras –de inspiración claramente francesa, cuya disposición,

De modo contrario a sus costumbres, Gaudí utilizó granito blanco para el Palacio Episcopal de Astorga. Alrededor del edificio, se cavó una profunda fosa, lo que causa la impresión de que las torres surjan bruscamente de la tierra. Las esculturas que marcan la entrada estaban inicialmente previstas para coronar las torres.

de nuevo, hace que sea
imposible cualquier
unión angular de
los muros–. De este
edificio se desprende
una habitual sensación
de gran horizontalidad
que se ve afirmada
por los canalones
ininterrumpidos
de los primeros pisos.

Una arquitectura civil gótica

Las propuestas de
Viollet-le-Duc eran
tan didácticas que los
que reflexionaban sobre
ellas las modificaban
notablemente.
Sin embargo, la
postura de Gaudí
con respecto al estilo
gótico no se limitó
a un conocimiento
teórico; lo fue labrando

sobre la marcha. De estudiante, participaba en
todas las excursiones arqueológicas organizadas
por Elies Roger, profesor de la Escuela Provincial
de Arquitectura, y de este modo pudo familiarizarse
muy pronto no sólo con el gótico catalán, sino
también con el del Rosselló. Más tarde, viajó a León
y pudo estudiar su catedral, joya del arte gótico y
bello ejemplo del esplendor de la escuela francesa.
También visitó Burgos, pero su catedral le pareció,
para desilusión de muchos, de una riqueza
deliberadamente ostentosa.

Gaudí rindió homenaje, aunque un poco tarde,
al estilo gótico catalán con la casa de campo
construida entre 1900 y 1905 en la calle Bellesguard,
en las afueras de Barcelona. Encargada por María
Sagués, miembro de una familia que apoyaba la
reforma política de la Iglesia de Cataluña, la casa

La planta de Santa
María de Regia
de León (*superior*)
es considerada como
una reducción de
la catedral de Reims,
mientras que su altura
recuerda a la de la
catedral de Amiens.
Empezadas en 1205,
las obras no terminaron
hasta principios del
siglo XIV. A causa
del uso de materiales
ligeros, la catedral se
restauró por completo
en la segunda mitad
del siglo XIX.

se hallaba en el mismo lugar donde, según cuenta la tradición, Martí I, último rey de la dinastía catalana, mandó construirse una casa. Símbolo del pasado catalán que éste decidió defender, la casa de campo adopta un aire defensivo que se traduce en la dureza y la austeridad de los volúmenes –aquí las aristas se acentúan de un modo del todo inusual en los proyectos de Gaudí–, en la presencia de almenas y matacanes, en las ventanas cuya estrechez evoca las troneras de los castillos fuertes, pero también en los robustos pilares inclinados que soportan la carretera que conduce a la residencia. Sin embargo, en el interior hallamos signos gaudinianos muy claros: bóvedas separadas con tabiques y nervaduras de la etapa noble y columnas helicoidales en la galería habilitada en la buhardilla.

Por su planta cuadrada recogida y su torre coronada por una cruz en cerámica orientada según los puntos cardinales, Bellesguard se erige sobre el paisaje catalán como un monolito (*superior*). Gaudí, aunque aquí haya utilizado humildes esquistos locales, consigue crear una delicada paleta con tonos grises, verdes, marrones y amarillos

Un aire barroco

Cuando construye la Torre Bellesguard, Gaudí ya
ha explorado nuevas vías que lo alejan del neogótico
y lo conducen a la creación de la Casa Calvet,
de su mecenas Pedro Calvet, fabricante textil.
Este encargo, que mantiene ocupado al arquitecto
de 1898 a 1904, supone para él una ocasión de
atreverse con una tipología que no había practicado
todavía: un bloque de pisos alineado con otros
bloques en el ensanche de la ciudad. La fachada
está realizada con sillares de piedra. Una tribuna
situada en el segundo piso, encima de la entrada,
y dos remates en forma de piñón constituyen
los elementos destacados de la composición.
La estricta regularidad de las aberturas se atenúa
con los balcones trilobulados que subrayan las
ventanas de las dos filas verticales situadas a ambos
lados de la tribuna. Lo que diferencia a esta fachada
de todo lo que Gaudí ha hecho hasta entonces

Las formas austeras
y angulosas del
exterior de Bellesguard
contrastan con
los volúmenes y
la decoración interior
de la casa, de modo
especial en la entrada,
donde los pilares en
voladizo y los pilares
con amplias ménsulas
y los forjados de arcos
fabicones anuncian
las formas ondulantes
de la Casa Milà. Muros
y techos se unen en
un enlucido blanco,
mientras que sus
aristas se redondean,
lo que provoca un juego
de luces y sombras que
diluyen los volúmenes.

es su ornamentación esculpida. Los piñones son coronados con cruces; sobre cada ventana del último piso surgen unos bustos de santos patrones del propietario y de su ciudad natal, coronado por palmas de martirio. En cuanto a la tribuna, ésta presenta una inextricable abundancia de motivos vegetales cuyo origen hallamos en las setas llamadas «colmenillas» (*Morchella*) que podemos volver a ver en las nudosidades en hierro forjado de las balaustradas. De este mismo material están hechos: la placa con el número de la casa, los botones del timbre, el picaporte de la puerta de entrada y, sobre todo, las extrañas aldabas formadas por una cruz que se aplastan al presionarlas sobre una monstruosa chinche.

El interior reserva otras sorpresas, sobre todo el vestíbulo de entrada que conduce a las escaleras y al ascensor. Éste se transforma literalmente en baldaquín barroco con una reja en hierro forjado rodeada por balaustres coronados por un capitel jónico, que flanquean las columnas salomónicas que marcan el inicio de la escalera.

Ese pequeño espacio es precedido por un vestíbulo multiplicado por un juego de espejos que se reflejan mutuamente y se reenvían unos a otros la imagen de tres lámparas

La fachada de la Casa Calvet (*inferior*), entre medianeras, fue premiada por el Ayuntamiento de Barcelona. Fue el único gesto de reconocimiento oficial que Gaudí recibió en vida.

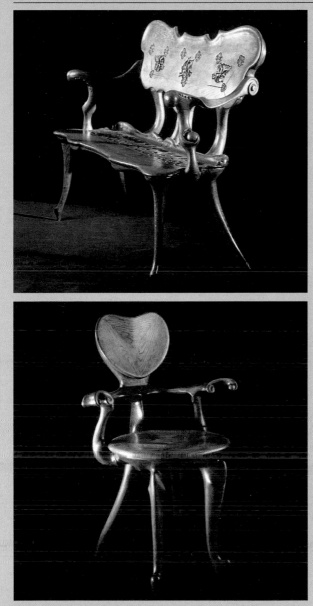

Los muebles de la Casa Calvet demuestran que la ergonomía que perseguía Gaudí podía dejar en segundo plano a sus formas caprichosas que evocan la mineralogía, los fósiles y el esqueleto humano. De hecho, son torneados con habilidad para conseguir la postura más cómoda posible, y, sobre todo, una excelente sujeción de las vértebras lumbares. Su construcción y fabricación son de una precisión extraordinaria y de un racionalismo muy riguroso. El corte y el montaje de las diferentes piezas que componen la base y el respaldo de los asientos y los puntos de unión de varios armazones son estudiados con un esmero infinito con tal de obtener una máxima resistencia. Bergós, antiguo discípulo de Gaudí, contó a este respecto una anécdota muy significativa. Durante la guerra civil, se rompieron los cristales de la planta baja de la Casa Calvet a causa de una explosión, y una silla del despacho que se encontraba detrás de uno de los cristales sufrió los efectos de la deflagración, pero no se rompió; se desmontó por los puntos de unión de tal manera que se pudo volver a montar sin ninguna dificultad.

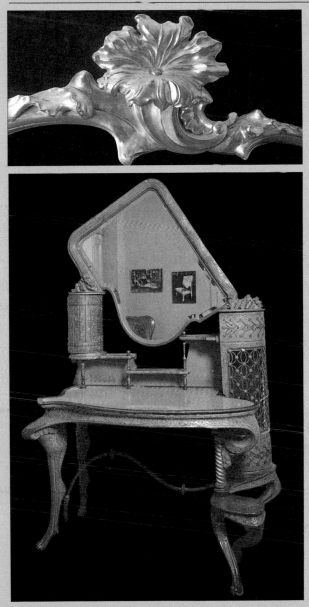

Varios muebles diseñados por Gaudí para el Palacio Güell –*izquierda*, un sillón destinado al salón; *derecha*, el tocador del dormitorio de la señora Güell– pertenecen a la tradición del estilo Luis XV del siglo XVIII, que gusta en la época a la burguesía de toda Europa. La familia Calvet poseía, también, muebles neorrococó concebidos por Gaudí, entre ellos un espejo en madera tallada y dorada, con mucha probabilidad hecho en los talleres de Joan Busquets (detalle reproducido en esta página, *superior*). A pesar de su componente altamente fantástico, estos muebles cuentan con unas cualidades indiscutiblemente ergonómicas. También son buenos ejemplos dos inmensos sillones tapizados con cuero de Córdoba; las curvas de los ornamentos tallados y dorados pertenecen, sin duda alguna, al estilo Luis XV, pero las curvas del respaldo y de la base del asiento están calculadas para que se adapten a la máxima perfección al cuerpo que vaya a sentarse en él y, a su vez, dotar su postura de cierta elegancia. La pequeña repisa con la que cuenta una de las patas del tocador se estudió para hacer que resultase más fácil atarse los cordones de los botines.

adornadas con volutas y coronas que están fijadas a sus marcos. La Casa Calvet permite también a Gaudí seguir experimentando en la decoración, especialmente en el campo del mobiliario. Las sillas que concibe para el salón del piso destinado a Calvet y a su familia están en la misma línea que las del Palacio Güell porque se le atribuye importancia a la tapicería de la base y el respaldo y al material de los armazones –madera tallada dorada–, lo que crea una gran impresión de riqueza; las patas, sin embargo, aderezadas con motivos florales metálicos, adoptan una forma helicoidal muy atrevida que erradica cualquier ápice de pomposidad que podrían desprender.

La verdadera novedad que emprende Gaudí, y que no va a dejar de explorar, procede de los muebles del despacho y la tienda de la planta baja, pero también de un gesto, el que habría hecho el arquitecto, según se cuenta, para concebir los picaportes de las puertas: Gaudí habría hundido las manos en arcilla tierna, de modo que la huella resultante habría sido la que decidiese la forma del picaporte. Un potente flujo vital recorre el innovador mobiliario de Gaudí, con partes cuyas funciones están claramente fijadas y con articulaciones huesudas que evocan las funciones de un esqueleto humano, y no tarda en apoderarse de toda la arquitectura.

En la concepción del vestíbulo de la Casa Calvet (*izquierda*), Gaudí se apropió de la gran tradición barroca española. El ascensor aquí se presenta como un altar y muestra vínculos formales con los retablos catalanes del siglo XVIII, sobre todo los del escultor Lluís Bonifàs (1730-1786). En la fotografía superior, la tribuna central del segundo piso corona la puerta de entrada principal.

A lo largo de los primeros años del siglo XX, Gaudí consigue fusionar su carácter de constructor nato con su atrevida imaginación plástica. Liberada de la antítesis existente entre estructura y revestimiento, su arquitectura alcanza una unidad formal original. La piedra de sus edificios se transforma en una masa orgánica modelada y viva, que atraviesa movimientos de un dinamismo impulsivo único en la historia de la arquitectura.

CAPÍTULO 4

HACIA UNA ARQUITECTURA ORGÁNICA

"La arquitectura no debe renunciar al color, sino emplearlo para dar vida a formas y volúmenes. El color es el complemento de la forma y la manifestación más clara de la vida.**"**
Gaudí

Derecha, un medallón del techo del mercado del Park Güell. *Izquierda*, un detalle de la cubierta de la Casa Batlló.

En 1900 se empieza la mayor obra que realizó Gaudí en Barcelona: el Park Güell. El conjunto, que ocupa una veintena de hectáreas de la vertiente meridional de la Muntanya Pelada, al noroeste de la ciudad, fue declarado por la UNESCO Patrimonio de la Humanidad en 1984. Aunque en la actualidad es un verdadero parque y lugar de paseo apreciado por los barceloneses, en su origen no fue concebido como tal. De hecho, se previó que fuese una verdadera ciudad-jardín, inspirada en los modelos ingleses, de donde procede la grafía *Park* que el mismo Gaudí usó en el proyecto sometido a la aprobación del Ayuntamiento de Barcelona. Así pues, se trataba de un barrio residencial, alejado de la ciudad y dominado por una capilla que, Güell, propietario de los terrenos, y Gaudí, apoyado en esta empresa por sus colaboradores José

Pardo Casanovas y Julián Bardié Pardo, pensaron hacer surgir de las laderas rocosas de la montaña. Sin embargo, el proyecto fracasó por la poca acogida que tuvo: sólo se vendieron y construyeron dos de las sesenta parcelas destinadas a viviendas.

Una naturaleza petrificada

El parque no deja de ser una deslumbrante ejemplificación de la genialidad del arquitecto: ésta se demuestra en el modo en como éste se apodera de un lugar no demasiado concurrido y que, por su configuración, dificultaba el acondicionamiento de los terraplenes, sin el que cualquier construcción arquitectónica resultaba imposible.

Con el fin de evitar caros trabajos de excavación de la piedra, Gaudí imagina construir tres viaductos en niveles diferentes. El inferior se compone de dos filas de columnas inclinadas hacia dentro cuyos

En 1903, la Asociación de arquitectos de Cataluña visita la obra del Park Güell. Salvador Sellés, portavoz de ésta, dice: «Las columnas inclinadas contienen la fuerza de la tierra; algunas son trabajadas con refinamiento y todas con una agradable rusticidad, unas son salomónicas, otras, cilíndricas y con varias secciones. Algunas tienen refuerzos externos en forma de estalactitas y estalagmitas, sobre las que un capricho de la naturaleza parece haber esculpido».

fustes se ensanchan en la parte superior para
acoger sin interrupción alguna la bóveda, lo
que determina una forma parabólica. Desprovistas
de basa, estas columnas emergen de la tierra
como el tronco de un árbol. En los otros viaductos,
hay tres filas de columnas: una fila central vertical
flanqueada por dos filas laterales inclinadas hacia
dentro. A diferencia de las del puente precedente,
cuya disposición de las piedras evoca la forma
de las estalactitas, estas bóvedas contienen
nervaduras.

Por otro lado, la presencia de basas y capiteles
remite claramente a la tipología de un orden
arquitectónico. Estas vías cubiertas se distinguen
también la una de la otra por su aparejo. Los fustes
del nivel inferior están construidos con la ayuda de
piedras desiguales, dispuestas de manera que sugieren
la corteza y las ramas de una palmera. En los niveles
superiores, aunque el aparejo sea rústico, las piedras
son planas y regulares. Sin embargo, la alusión
naturalista reaparece en las hileras de monumentales
jardineras hechas con grandes piedras no pulidas

"La cabeza de un animal extraño, una cariátide momificada, un nuevo proyecto que reúne a los grupos a través de la fuerza del cemento. [...] En muchos de ellos se puede sentir el roce de las raíces de palma que buscan una salida para absorber las sustancias necesarias para el desarrollo de su follaje. Todo ello, decoraciones naturales que asemejan sueños de una imaginación ardiente.**"**
Salvador Sellés

[El conde Güell (*inferior*), en 1915, apoyado en una columna de la sala hipóstila].

que bordean el viaducto más elevado: éstas abrazan la silueta de árboles; árboles de piedra, pero a los que dan vida los agaves que se plantaron en su cima.

De este modo se instaura un verdadero diálogo entre formas naturales y formas arquitectónicas, que refuerzan la elección de esencias y plantas (pinos, algarrobos, palmeras, hierbas de La Garriga) y materiales de construcción en los que el color y la textura irregular se funden en el paisaje como las grandes construcciones de piedras secas de la región de Tarragona, en las que seguro pensó Gaudí.

En cambio, para la sala hipóstila, concebida para albergar el mercado de abastos para los residentes, se

•• En la actualidad, las construcciones arquitectónicas más sintéticas se encuentran en el Park Güell, página gloriosa de la arquitectura en general, primeras manifestaciones de todo un ciclo arquitectónico que todo el mundo desea ver crecer y extenderse, quizás el fruto más trascendental que nuestro renacimiento haya producido, forma plástica,

utilizó un orden arquitectónico de apariencia más ortodoxa. Las columnas –más de noventa– remiten a una interpretación del orden dórico.

Gaudí hace algunas modificaciones: aumenta considerablemente el diámetro del fuste, pero reduce el número de sus estrías, hace más gruesos los cimacios y el hipotraquelio aplastado, lo que da una impresión de solidez que se aleja de la esbeltez del modelo griego. Además, las gotas que penden de los triglifos del friso y de la cornisa huyen de la estilización en beneficio del naturalismo. En realidad, Gaudí creó un nuevo orden que evoca los tiempos arcaicos que vieron nacer la arquitectura.

Parece como si una misteriosa solemnidad contrastara bruscamente con el entusiasmo de la explanada que esas columnas soportan. Esa inmensa área de tierra batida está cercada por un banco cuyo trazado recorre todo su sinuoso perímetro; éste serpentea a modo de enorme reptil completamente recubierto con pedazos de azulejos de cerámica y trozos de vidrio.

Este *trencadís* es también el que hace las veces de piel de la salamandra gigante que hay en la fuente situada en el centro de la escalera que conduce a la sala hipóstila. Su papel simbólico es comparable al de la serpiente Pitón de la mitología griega, encargada de proteger unas preciadas aguas subterráneas: por la boca escupe agua procedente de una cisterna con capacidad para almacenar doce mil litros. Volvemos a encontrar *trencadís* en la parte superior del muro de cerca, abierto por siete puertas y que recorre dócilmente todo el terreno, sobre los muros laterales de la escalera de la entrada principal y sobre las cubiertas de los dos pabellones de esta misma entrada. Éstos, de planta oval, se encuentran dentro del recinto: uno constituía la vivienda del conserje y el otro, coronado por una torre de 10 m y completamente revestido de *trencadís*, debía albergar los servicios administrativos de la ciudad.

creación de piedra, manifestación visible y palpable de nuestro espíritu renovador y práctico, idealista y científico, aficionado a volar hacia horizontes lejanos y amante de adoptar medios prácticos y sencillos para obtener grandiosos efectos.**"**
Joan Rubió, arquitecto, colaborador de Gaudí, *Dificultés pour parvenir à la synthèse architectonique*, 1913

La fusión de la arquitectura y el interiorismo

La aplicación de azulejos policromados no es fruto del azar, sino de una profunda reflexión sobre el papel que tiene el color en la arquitectura y de un empirismo sensorial. Un albañil que participó en la construcción de la Casa Batlló, y en especial en la colocación del revestimientos de los discos de cerámica y de los pedazos de vidrio, declaró: «Don Antón se ponía en medio de la calzada mirando hacia la casa y desde allí nos indicaba a voces el lugar donde debíamos colocar los diferentes elementos, pero no era fácil para albañiles habituados a hacer mosaicos tradicionales adaptarse a una nueva técnica, sobre todo con tantos colores. Estábamos a menudo obligados a deshacer partes enteras hasta que quedaba satisfecho». Además, Joan Bergós recordaba que alrededor de los discos, «estaban pintados los matices de base que asignaba el arquitecto en persona. En función de esas pinceladas indicativas, los albañiles ponían cascos de botellas de vidrio del mismo tono, que iban disminuyendo en intensidad hasta que se fundían con los grises claros del fondo».

«Había que construir un edificio habitable (y además, a mi parecer, comestible); la obra, con reflejos de nubes crepusculares sobre las aguas de un lago, debía además constar del máximo rigor naturalista y de trampantojo. Estamos delante de un proyecto gigantesco en el que se sumerge de un modo rimbaudiano el salón en el fondo de un lago.» De esta manera Salvador Dalí definía en 1933 la Casa Batlló. *Superior izquierda*, un detalle de la cubierta.

José Batlló i Casanovas, un industrial rico, encargó esa casa a Gaudí en 1904. En realidad, no se trataba tanto de la construcción de un inmueble, sino más bien de la reforma de una casa que databa de la década de 1870. El arquitecto se marcó el objetivo de ampliar y modernizar el conjunto, lo que terminó concretándose con la construcción de dos pisos más, el nuevo revestimiento de la fachada y el acondicionamiento interior del segundo piso, reservado a la vivienda del propietario. No deja de sorprender que una simple reforma promoviese tantas novedades; la principal, ciertamente, sea la alegre policromía de la fachada que destaca por encima de las fachadas colindantes –entre ellas, la famosa Casa Amatller, construida algunos años antes por Josep Puig i Cadafalch (1867-1956)– y que brilla al recibir los rayos del sol, igual que las tejas de la cubierta, que evocan las escamas irisadas y el lomo de un saurio de cuento de hadas.

«¡Esta casa parece salida del cuento de Hansel y Gretel!», exclamó, ante la alegría de Gaudí, un arquitecto inglés que pasaba por Barcelona.

Gaudí criticó la arquitectura clásica en la que, a su parecer, «la errónea distinción entre elementos de soporte y elementos de carga da lugar a una discontinuidad imperfecta entre el montante o la columna y el arco o el dintel; discontinuidad que se pretende disimular con añadiduras decorativas: capiteles, ménsulas, impostas». Sin embargo, en la Casa Batlló, (superior), los diferentes elementos que constituyen la fachada encajan, se unen y se fusionan hasta el punto de perder su individualidad, a pesar de su fuerte originalidad, en beneficio de la unidad y del ritmo.

El ritmo ondulante, parecido al de la limatesa de la cubierta, recorre las jambas, los balcones y los maineles de piedra de Montjuïc, de donde surgen unas protuberancias –las columnas del primer piso forman un voladizo de 60 cm sobre la acera, lo que suscitó reparos por parte de los servicios municipales de obras públicas, que Gaudí ignoró por completo– que no parecen aplicadas sobre la fachada, sino que dan la impresión de surgir del interior de la casa después de haber desgarrado su colorida piel. La forma de esos elementos de piedra también es muy original y rica en ideas sugerentes: podría proceder de un mundo mineralógico inerte, pero su fluidez, su flexibilidad, por no decir su blandura, evocan más bien los órganos vitales del ser humano.

El piso privado de Batlló respira el mismo aire que la fachada. Las líneas ondulantes penetran en la casa –a no ser que huyan de ella– y progresan según las leyes del mundo celular; las habitaciones se suceden como se desarrollan las células orgánicas.

La cresta del dragón de la cubierta reaparece en la baranda de la escalera que va de la planta baja al piso del señor Batlló. La ortogonalidad y las superficies planas están totalmente prohibidas en este universo. Los techos y las paredes están

En el piso de José Batlló, el yeso de los techos parece haberse escapado de los pisos superiores, haberse licuado, dejando a su paso pliegues, arrugas y remolinos, y seguir cayendo por los elementos de ebanistería y las puertas. Los techos de la Casa Milà estarán aún más agitados, ya que por doquier hay aberturas reales con figuraciones múltiples.

modelados y los paneles y las puertas de separación, abombados. En su preocupación por la ergonomía, el mobiliario del salón y del comedor, siguiendo las pautas del mobiliario profesional de la Casa Calvet, desarrollan planos ligeramente inclinados y superficies imperceptiblemente convexas o cóncavas. Los asientos invitan a los cuerpos a sentarse o quizás conservan la forma de los cuerpos que se han sentado allí antes. La madera

Podemos hacernos una idea precisa de la atmósfera de los espacios amueblados por Gaudí para Batlló gracias a fotografías de época (*véanse* págs. 70 y 72 *superior*). Sin embargo, no disponemos de ningún material sobre la Casa

parece detenerse en su licuefacción, como parece estarlo la piedra de las arcadas y de los pilares de la fachada. Artículos de ebanistería y marcos de puertas y ventanas rehúyen cualquier línea recta para abrazar la ondulación de los muros y hacerse eco de todo ello en el espacio interior, que se ve atravesado por una fuerza centrífuga: el techo del salón, como si fuese aspirado por un tifón, representa un violento remolino de agua. Gaudí recordaba las palabras de su colaborador, el escultor Josep Llimona (1864-1934), que le hizo darse cuenta de que «los objetos metidos dentro de una pasta blanda dan la impresión de estar suspendidos en el aire o en una nebulosa».

Calvet y quedan pocas cosas del Palacio Güell. De la Casa Mila sólo nos han llegado documentos relativos a las obras. Las vistas del interior eran posteriores; es decir, de la época en la que la señora Milà sustituyó el mobiliario de Gaudí, entre éste, el biombo (*véase* pág. 73 *inferior*), por muebles de estilo y asientos con tejidos clásicos (*véase* pág. 72 *inferior*).

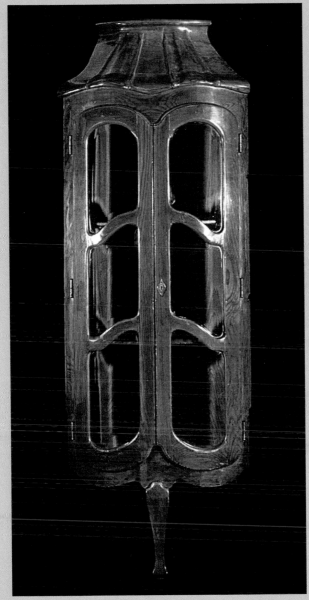

Las molduras y los asientos que Gaudí concibió para la Casa Batlló son verdaderas construcciones táctiles. Éstas suscitan un irresistible deseo de pasar los dedos por los brazos, el contorno de la base y el respaldo para seguir las mínimas inflexiones de la línea y detectar las imperceptibles convexidades de las superficies aparentemente planas. Con respecto a esta característica, esas obras presentan un vínculo de parentesco con el interminable banco del Park Güell. Además, algunos detalles de los muebles de Batlló evocan el mundo mineral, el de los fósiles, por ejemplo, con los extremos de los respaldos de los asientos del comedor. La gran banqueta de siete plazas integrada bajo el inmenso espejo, cuya compartimentación se hace eco de las ventanas de enfrente y de la puerta de la derecha y la vitrina del mismo estilo que hay en un rincón de la habitación, presenta afinidades con un universo geológico modelado bajo los efectos de la erosión y del acarcavamiento, pero en beneficio de la ergonomía. En la página 72, de *superior* a *inferior*, dos vistas interiores de la Casa Batlló y de la Casa Milà.

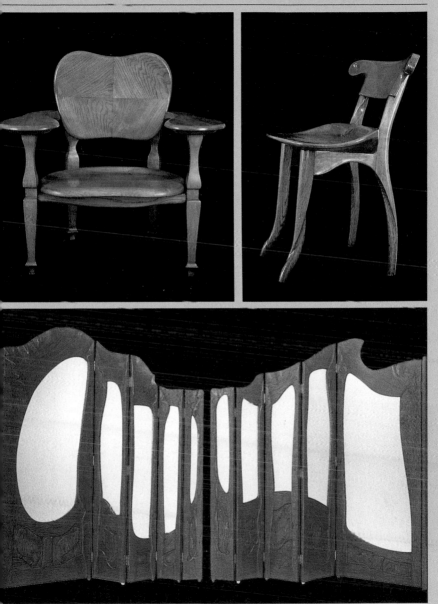

Un arquitectura ondulante en honor a la Virgen

Gaudí desarrolló ritmos ondulantes a una escala infinitamente superior cuando, años más tarde, emprende la construcción de una casa para los fabricantes de cerámica, Pere Milà i Camps y Roser Segimon, que no tiene parangón en ninguna parte del mundo. Las preocupaciones constructivas –que existen realmente, como lo demuestran las soluciones de gran ingenio como la ampliación de los tragaluces en los pisos superiores– se disuelven por completo en una masa plástica que evoca más una gigantesca escultura trabajada con arcilla maleable que un edificio de viviendas. El arquitecto comenzó por modificar de forma

Los periódicos republicanos publicaban con frecuencia caricaturas de Gaudí. Aquí se le ve subiendo una estatua monumental de la Virgen a lo alto de la Casa Milà, bajo la atenta mirada del obispo de Barcelona. La Casa Milà, dibujo *inferior* de Joan Matamala, también suscitó más de una mofa: «caballo de Troya sin caballeros», «océano cavernoso», «garaje de zepelines». «Es una guarida de dinosaurios», exclamó Georges Clemenceau, cuando estaba de paso por Barcelona, a finales del año 1910.

radical el emplazamiento destruyendo sus características: hace desaparecer por completo la esquina que formaba la unión de dos calles y crea un edificio redondeado de una sola pieza, cuya única fachada se transforma en una vasta superficie desnuda invadida por un ritmo ininterrumpido.

La policromía desaparece en beneficio de un único material: una piedra de origen blanco crema, de donde procede el sobrenombre de «Pedrera». Esta elección podría responder a la trascripción arquitectónica de un paisaje árido parecido al emplazamiento rocoso de Sant Miquel del Fai, situado a 20 km al norte de Barcelona y que Gaudí conocía bien, lo cual él mismo dejó entrever en varias ocasiones; en una conversación con el pintor Carlès sobre los techos de la Casa Milà, por ejemplo:

«–¿Cómo justifica las formas y los volúmenes curvilíneos de esta fachada? –le preguntó el joven–.

»–Porque están unidas a los de las montañas de Collserola y del Tibidabo que se pueden ver desde aquí –contestó el maestro–.».

«He concebido esta obra como un monumento a la Virgen del Rosario, ya que Barcelona carecía de monumentos.» Según la opinión del arquitecto Joan Bassegoda, las sorprendentes piezas de hierro forjado que adornan los balcones habrían estado realizados por los hermanos Badia según un prototipo –el balcón central del tercer piso– ejecutado bajo la mirada y las indicaciones del mismo Gaudí, lo que invalida la opinión de muchos historiadores de que la intervención del joven colaborador del arquitecto, Josep Maria Jujol, era decisiva en las obras de Gaudí.

Sus contemporáneos, impresionados por la fuerza telúrica que emanaba del edificio, no dejaron de hacer comparaciones con el mundo mineral, acuático y vegetal, convirtiendo la arquitectura en una descendiente de los Titanes o de Richard Wagner.

Hay que tener en cuenta que la casa había sido pensada originariamente como homenaje a la Virgen María, cuya representación tendría que haber coronado la fachada. El escultor Carlos Mani (1866-1911) realizó una maqueta del grupo que representaba a la Virgen con el Niño Jesús en brazos, cuya ejecución estaba prevista en piedra, metal dorado y

cristal, lo que permite una interpretación del edificio ligeramente diferente: las ondulaciones de la fachada que van disminuyendo a medida que van subiendo por los pisos se traducirían en los movimientos del mar Mediterráneo, que irían a morir a los pies de la Virgen. A causa de los motines anticlericales que tuvieron lugar en julio de 1909 y que provocaron el incendio de una cincuentena de edificios religiosos –la llamada Semana Trágica– los Milà rechazaron colocar la escultura y la pequeña torre, también dedicada a la Virgen, que tendría que haber flanqueado la fachada.

Decepcionado por esta reacción, el arquitecto se desinteresa de su obra y le cede la dirección a uno de sus colaboradores, el joven arquitecto Josep Maria Jujol (1879-1949). Desde entonces, su fuerza espiritual y su pasión cristiana se expresan en la imposible construcción de un edificio que le mantuvo ocupado más de veinte años: el templo expiatorio de la Sagrada Familia.

La cubierta aterrazada de la Casa Milà (*superior izquierda* y *superior*) es sin duda uno de los espacios más oníricos que haya creado Gaudí, pero del que no queda exento cierta sensación de inseguridad. Ésta se presenta bajo la forma de un camino de ronda, con un suelo irregular y sin barandillas, que rodea dos patios. Aquí y allí se levantan chimeneas y bocas de ventilación transformadas en misteriosas si no inquietantes siluetas con casco. *Inferior izquierda*, una vista antigua de la entrada del patio circular del primer piso.

Al dedicarse en cuerpo y alma a la construcción de la Sagrada Familia, Gaudí quería insuflar una vida nueva al estilo gótico, que admiraba, pero que consideraba un arte de fórmula: «Vencer tres siglos de arquitectura es una empresa titánica para un solo hombre, pero eso no significa que no debamos emprenderla».

CAPÍTULO 5

EL TEMPLO HELÉNICO DEL GÓTICO MEDITERRÁNEO

El proyecto de la Sagrada Familia no ha dejado de evolucionar durante toda su construcción, incluso desde que Gaudí vivía. Éste había, por ejemplo, renunciado a su primera idea de la fachada de la Natividad que presentaba un gran número de torres con pináculos góticos, como puede verse en la maqueta moderna que se encuentra en la actualidad en la cripta *(derecha). Izquierda*, la misma fachada en la década de 1960.

La obra que en otoño de 1883 Gaudí, tras proponérselo Martorell, el asesor del proyecto, acepta dirigir es el fruto de una iniciativa privada que corresponde al librero y editor Josep Maria Bocabella, que había fundado, tras la epidemia de cólera del verano de 1865, una asociación bajo la protección de san José, especialmente venerado en Cataluña: la Asociación Espiritual de Devotos de San José. Durante una peregrinación a Roma, se decidió construir en Barcelona un

En 1905, el poeta Joan Maragall recordaba la génesis de la Sagrada Familia: «Del fondo oscuro de una tienda de la antigua ciudad surgió un hombre muy humilde con una gran idea: construir una catedral nueva, y, con limosnas ínfimas, comienza la gloriosa obra, allí bajo tierra en un suburbio todavía en medio del campo». El hombre en cuestión es el librero Bocabella (*superior*, pintado por Aleix Clapés). En 1869 publicó una obra en la que preconizaba la construcción del templo expiatorio. La obra de la Sagrada Familia fue objeto de múltiples visitas oficiales; miembros de la familia real, aristócratas, dignatarios religiosos y políticos, pero también estudiantes quisieron entender la interpretación del edificio en construcción de Gaudí. *Izquierda*, en julio de 1915, Gaudí se dirige al cardenal Ragonesi, nuncio apostólico en España, al obispo de Barcelona y a Prat de la Riba.

templo dedicado a la Sagrada Familia. En 1881, después de haber reunido fondos, se compró un terreno en la periferia de l'Eixample y se encargó un proyecto al arquitecto diocesano Francesc del Villar, que hizo los planos de una iglesia de estilo neogótico. El día de San José de 1882 se pone la primera piedra. Meses más tarde, se excava la cripta y se construyen algunos pilares y, un día, tras discutir con Martorell, Villar dimite.

Un compromiso espiritual

Inmediatamente, Gaudí se pone manos a la obra con un entusiasmo aún mayor cuando le dan la oportunidad de poner el arte, su arte, al servicio de la religión. Podríamos preguntarnos si el hecho de aceptar una obra como ésa no fue lo que hizo que se encendiese el ardor cristiano que permanecía latente en él y lo que lo convirtió en un verdadero asceta, completamente desapegado en los últimos años de su vida de las cosas terrenales, salvo de la arquitectura. Sin duda esta evolución fue precipitada por el trato con hombres eminentes de la Iglesia –el obispo Enrique d'Ossó, el obispo de Astorga– así como por dolorosos acontecimientos familiares. Gaudí, en los albores de los cuarenta, afirma: «El hombre sin religión es un hombre disminuido espiritualmente, un hombre mutilado».

Gaudí se dedica primero a la continuación de los trabajos de la cripta, que durarán cuatro años, durante los cuales elabora una completa refundición del proyecto de su predecesor, de una manera poco ortodoxa. Según se dice, Villar había situado la cripta bajo la cabecera, de la que tomaba la forma. Se accedía a ella por una escalera que ocupaba el ancho de la nave central. ¿Qué hizo Gaudí? Nada menos que orientar la cripta en sentido contrario a la iglesia, y sustituir la gran escalera por cinco capillas, la mayor de las cuales alberga el altar principal. Además, manda cavar alrededor de la cripta, de la que además aumenta la altura de la bóveda y rediseña los pilares, una fosa que permita apreciar desde el exterior la construcción de los nuevos muros y las nervaduras de la bóveda. Con respecto a la planta del edificio, que el colaborador de Gaudí, el arquitecto Joan Rubió i Bellver (1870-1952), consigue dibujar en 1915, no se publica hasta 1917. Sin embargo, probablemente el templo toma su forma definitiva a principios de la década de 1890: una cruz latina que comprende cinco naves –la grande mide 90 m de largo por 15 de ancho y llega a 45 m de alto–, un ábside sobre el que se abren capillas y un transepto de 30 m de ancho. En el crucero estaba previsto un campanario de 170 m de alto.

Los primeros planos completos conocidos de la Sagrada Familia no se publicaron hasta abril de 1917 en el *Propagador de la Devoción de San José*. Doce años más tarde, es decir, tres años después de la muerte de Gaudí, se establecen los planos definitivos

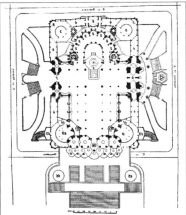

a partir de los últimos esbozos de Gaudí, y, especialmente, de la gran maqueta que se llevó a cabo bajo su dirección. Esta planta corresponde al modelo neogótico recomendado por Viollet-le-Duc, pero es evidente que su sequía teórica desaparece bajo el bosque de pilares, las bóvedas parabólicas, los vacíos vertiginosos de las cúpulas dedicadas a Cristo, la Virgen y los evangelistas que se erigen sobre el crucero y el presbiterio.

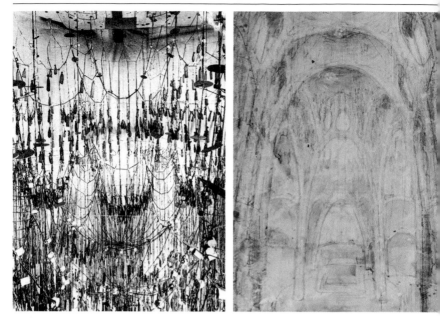

Un nuevo equilibrio arquitectónico

Según Bergós, Gaudí necesitó doce años para resolver los problemas que supuso la construcción de los muros de esas naves. Para el estudio y la ejecución de sus estructuras, trabajaba con la ayuda de maquetas de yeso; algunas estaban realizadas al revés y suspendidas con el fin de verificar la ley de Hermes, según la cual todo lo que está construido hacia arriba debe ser como lo que cae. El objetivo perseguido por Gaudí, gran admirador y perfecto conocedor del estilo gótico desgranado por Viollet-le-Duc, no es el de inspirarse en ese estilo como lo había hecho Villar, sino, al contrario, recrear su dinamismo por medio de técnicas y formas nunca vistas ni utilizadas, lo que le llevó a abandonar de un modo atrevido y espectacular los contrafuertes y los arbotantes colocados para impedir que la nave se abriera y se desplomara. «El esquema tradicional gótico –decía Gaudí– es un sistema muerto. Éste podría compararse al ser humano

Aunque Gaudí ignorase las teorías de Poleni, físico italiano del siglo VIII, sí que las aplicó para realizar la maqueta de la iglesia de la Colonia Güell. Multitud de cuerdecillas definían las líneas de presión de las bóvedas y las inclinaciones de los pilares que las sujetan. De éstas, se colgaban pequeños sacos llenos de plomo para representar el peso de las cargas que había que soportar en la realidad. Esta maqueta fue fotografiada por un colaborador de Gaudí, Vicente Villarubias. A partir de esta maqueta Gaudí lleva a cabo la aguada reproducida en la fotografía *superior*.

cuyo esqueleto, en lugar de aguantar armoniosamente las diferentes partes del cuerpo, se viese aplastado por el peso de la carne que éste debería soportar, por lo que necesitaría muletas en todos los sentidos.» Entonces podemos comprender que el estudio de las columnas hubiese requerido varios años. El resultado obtenido es el siguiente: los contrafuertes exteriores son reemplazados en el interior por escalones, que tienen una función idéntica, y los arcos ojivales son reemplazados por arcos parabólicos en la prolongación de los pilares oblicuos; esta combinación permite soportar la enorme presión de la inmensa bóveda. Por consiguiente, en el exterior, las fachadas son más planas y se pueden construir los campanarios hacia atrás, con lo que se acentúa considerablemente la impresión de verticalidad del conjunto. Además, las columnas presentan una torsión helicoidal que, a diferencia de columnas rectas que generan cierto estatismo, participa en el dinamismo del conjunto.

A los ojos de Gaudí, esas estrías «vivificaban la columna», la obligaban «a enderezarse aún más, a despertarse a sí misma, a vivir realmente su propia vida». El comienzo de la bóveda está marcado por un vértice desde donde las columnas se ramifican como si fueran el follaje de un árbol. El resultado es doble: visualmente se obtiene una importante parcelación de bóvedas; desde el punto de vista técnico, una mayor repartición de las cargas. La impresión que da el interior de la Sagrada Familia es de hecho la de un inmenso y formidable monte alto que anima a la luz –una luz misteriosa, ya que es difícil situar su origen exacto– difuminada por las aberturas dispuestas entre las columnas.

El taller de maquetas, situado en el subsuelo de la Sagrada Familia. La más espectacular era la gran maqueta policroma que fue expuesta en París el año 1910 cuando invitaron a Gaudí al Salón de la Sociedad Nacional de Bellas Artes. La maqueta de la fotografía *superior* fue ejecutada en 1925 y representa una nave lateral. Sólo nos queda soñar ante las palabras de Gaudí al respecto de estas naves: «Exactamente como en un bosque». A la columna la recorren fuerzas comparables a las que garantizan al árbol su crecimiento y su equilibrio.

Gran proliferación de estatuas

Gaudí dotó a la Sagrada Familia de tres fachadas:
la fachada de la Natividad, al este, la fachada
de la Gloria, al sur, y la fachada de la Pasión, al
oeste. En cada una de ellas estaba previsto un
gran portal con tres puertas y coronado por cuatro
torres, agrupadas de dos en dos, que constituían
un campanario. Cuando murió Gaudí, sólo estaba

construida la fachada de la Natividad, salvo los
pináculos de las torres, que sus colaboradores se
apresuraron en terminar. Ésta, orientada al nordeste,
está iluminada por el sol de levante y simboliza
el misterio de la Concepción. El programa
iconográfico está consagrado al nacimiento y a la
infancia de Jesús, la puerta central está dedicada
a la Caridad, la de la derecha, a la Fe, y la de la
izquierda, a la Esperanza. Múltiples fotografías
de la época nos muestran con precisión cómo
Gaudí abordó la decoración esculpida de sus
portales; ese enfoque, al mismo tiempo científico,
empírico, ingenioso y artesanal, puede parecer
extravagante con relación a lo desmesurado
de los proyectos y a la imperiosa necesidad de
una unidad formal.

Los medios utilizados son la fotografía –el dibujante
Ricardo Opisso, colaborador de Gaudí y amigo de

En 1906, en la fachada
de la Natividad
(*superior*), los grupos
que hay estaban sólo
moldeados con yeso;
era una presentación
provisional para juzgar
las deformaciones
causadas por la
distancia desde el suelo
y rectificarlas en las
esculturas definitivas.
En 1878, escribió: «Es
indispensable colocar
la escultura en unas
condiciones de buena
visibilidad, si no, [...]
perjudica al conjunto».
Superior izquierda:
dibujo de la fachada de
la Pasión encontrado
en el bolsillo de Gaudí
el día de su muerte.

En su enfoque a la escultura y a la arquitectura, Gaudí procede de un modo idéntico y sus tanteos pueden durar varios años. En la obra de la Sagrada Familia, donde instaló su despacho (*véanse* págs. 86-87), existía un lugar reservado (*véanse* págs. 88-89, fotografía de 1917) donde se depositaban y numeraban escrupulosamente los moldes realizados para los portales. En una viga se puede ver suspendida una hilera de moldes hechos por Lorenzo Matamala sobre recién nacidos muertos en la maternidad de Santa Cruz. Se hacían moldes también con plantas, animales y personas vivas. El dibujante Ricardo Opisso, entonces con 25 años, fue llamado para hacer la figura de un ángel anunciador: «Me desnudaba, dejándome sólo puestos los calzoncillos, y Gaudí, imperativamente, me hacía adoptar la postura que tenía en mente. Entonces los escultores Lorenzo Matamala y Ramón me untaban el cuerpo con yeso, pero enseguida sentí mucho dolor por la opresión y acabé desmayándome».

juventud de Picasso, reunió fotografías realizadas entre 1892 y 1900–, el moldeado sobre seres vivos o a veces muertos, sobre plantas y hasta sobre objetos y la fabricación de maniquíes de hierro o latón, fáciles de manipular, en todo caso más dóciles que los modelos vivos.

Cuando unos u otros no satisfacen plenamente a Gaudí o cuando éste quiere profundizar en una postura definitiva, el arquitecto recurre a esqueletos de verdad que le procura el joven Joan Matamala, hijo del escultor Lorenzo Matamala, particularmente activo en el portal de la Natividad. La escultura, igual que la arquitectura de la Sagrada Familia, muestra un especial cuidado por la estructura. Evidentemente, esta obra titánica no aspira a reproducir la realidad de un modo exacto, sino a comprender un mecanismo y una dinámica que permanecen ocultos y que escapan a la simple mirada.

De todo ese material escrupulosamente conservado por sus colaboradores, sobre todo por Domènec Sugrañés, tras la desaparición del maestro, desafortunadamente no queda nada. Durante la guerra civil, el 20 de julio de 1936, los talleres de la Sagrada Familia –en los que Gaudí, solo, afectado por la desaparición de sus padres y amigos, instaló su cama– fueron saqueados y quemados. Moldes y archivos, salvo las fotografías que se llevó a tiempo Joan Matamala, desaparecieron, y múltiples esculturas de la fachada de la Natividad fueron dañadas, en especial los ángeles de la arquivolta central. La tumba de Gaudí, que había sido colocada en la cripta el 12 de junio de 1926, fue profanada, pero gracias a un astuto guardia civil catalán debemos la conservación de las cuatro torres que la multitud tenía intención de dinamitar.

Dificultades de financiación

Si esa gigantesca obra no pudo terminarse mientras vivía Gaudí, quizás no fue por un problema de tiempo, sino más bien de dinero. Esa falta de medios

Gracias a Opisso sabemos cómo Gaudí contrató a los ángeles que tocaban la trompeta sobre las columnas

de la fachada de la Natividad (*derecha*): había unos jóvenes reclutas que aprendían a tocar la corneta que molestaban al maestro mientras conversaba con el obispo. Les pidió que se callaran, pero se negaron a hacerlo. Tras una intervención del prelado, se calmaron y «Gaudí supo persuadirlos, gracias a su astucia diabólica, para que posasen para convertirse en ángeles».

escandalizó repetidas veces a los amigos del
arquitecto, el escritor Joan Maragall, entre ellos,
que dedicó cuatro artículos a la Sagrada Familia, de
los cuales uno, publicado en 1905 en las columnas
del *Diario de Barcelona*, hacía especial alusión
a las dificultades financieras con las que se topó
la obra: «Muy a menudo me he sentido tan
orgulloso de ser barcelonés como lo podía
estar un antiguo romano con respecto a su
ciudadanía; pero otras veces me avergüenzo
de serlo; y ahora éste es el caso. Ese hombre
que hace el templo de la Sagrada Familia
me dijo que los recursos para seguir
esta obra se agotaban; que las donaciones
disminuían. [...] El templo de la Sagrada
Familia es el monumento de la idealidad
catalana, el monumento de la piedad eternamente
ascendente, la concreción petrificada del deseo
de elevación, la imagen del alma del pueblo. [...]
El día en que las obras de la Sagrada Familia se
cancelen por falta de medios será para Barcelona,
para Cataluña, más funesto que el día que estalle
una bomba en la vía pública o el día que cierren
cien fábricas».

Una caricatura de
Gaudí publicada el año
de su muerte. Cuando
lo recogieron tras el
accidente, creyeron
que se trataba de
un vagabundo por el
aspecto que presentaba.

A pesar de los subsidios que el arquitecto
obtenía él mismo pidiendo literalmente limosna
y persiguiendo a sus conocidos, quienes llegaron
a cambiar de
acera cuando lo
veían acercarse,
la víspera de la primera
guerra mundial el déficit
asciende a 30.000 pesetas.
Las perturbaciones de la
guerra a su vez ponen en serio peligro
la consecución de la obra; el número de
obreros, sin las categorías claras, se reduce
a seis o siete.

El obispo de Barcelona crea en 1895, tres años
después de la muerte de Bocabella, la Comisión de
construcción del templo, lo que demuestra una
gran sensatez, pero también, en cierta medida,
poca delicadeza, ya que pide a Gaudí –que sobrepasa
los sesenta años–, que haga una maqueta muy precisa
del edificio para que se puedan terminar las obras del
edificio en caso de que desapareciese el maestro.
Esta maqueta, que incluye el ábside, la bóveda de
la nave, las sacristías, toda la fachada de la Natividad
y la parte superior de la fachada de la Gloria, se
pierde en el incendio de 1936. Tras la guerra civil,
se retomaron las obras, pero con mucha lentitud,
siempre por motivos económicos. En los últimos
años, su ritmo se ha acelerado con el nombramiento
en 1985 del arquitecto Jordi Bonet para dirigir
la obra.

«Jamás repitió un elemento» (Ricardo Bofill)

Con la construcción de la Sagrada Familia, que
le ocupó toda la vida a Gaudí, es difícil resistirse
a establecer un paralelismo entre la evolución
de la obra y la de otras construcciones del arquitecto.
Sin llegar a adoptar la postura de determinados
especialistas que opinan que cualquier proyecto
que emprendiese Gaudí iba destinado a experimentar
y encontrar soluciones a los problemas que
le planteaba el templo de la Sagrada Familia,
es indiscutible que los puntos en común
entre este edificio y los demás encargos son
numerosos. Nombraremos dos que todavía
no hemos mencionado. El primero es la iglesia
de la Colonia Güell, de la que sólo se construyó
la cripta, y el segundo quedó en estado de
proyecto: un hotel en Nueva York.

En 1890, Eusebi Güell emprendió en su propiedad
de Santa Coloma de Cervelló, a algunos kilómetros
al oeste de Barcelona, la construcción de una fábrica
destinada a la manufactura de terciopelo. Alrededor,
crea un pueblo que toma el nombre oficial de
Colonia Güell en 1892 y que reagrupa a un millar
de familias. En 1898, manda a Gaudí construir
una iglesia para esa ciudad obrera, que su muerte,

Esta vista aérea de
principios de la década
de 1920 permite
apreciar la envergadura
de la Sagrada Familia,
que muestra hasta qué
punto el edificio estaba
vinculado al tema de
la montaña sagrada y
de la montaña-milagro.
Los barceloneses,
entre ellos Bocabella,
huyendo del tifus, se
refugiaron en 1870
en la montaña
de Montserrat, que
albergaba un santuario
de la Virgen. El poeta
Maragall narró la
identidad que se
establece entre templo
y montaña en su
Oda nova a Barcelona,
de 1910.

Tras el incendio de julio de 1936 (*inferior*), el arquitecto Bonet i Garí consiguió mano de obra de los servicios municipales para recoger los pedazos de los modelos de yeso almacenados en el taller. Cuando terminó la guerra civil, se emprendió la reconstrucción de la cripta bajo la dirección de Francesc P. Quintana, ya que el sucesor de Gaudí, Domènec Sugrañés, murió en 1938. El papa Benedicto XVI consagró como basílica el templo, en noviembre de 2010. Se calcula que las obras terminarán en 2036.

en 1918, deja inacabada. Para ello, el arquitecto elabora, durante diez años, junto a su colaborador Francesc Berenguer (1866-1914) –cuando murió, Gaudí declaró que había perdido su brazo derecho–, una extraordinaria maqueta. Unas cuerdecillas muy finas son las que definen el trazado de bóvedas y las cúpulas y la inclinación de los pilares y de ellas penden pequeños sacos rellenos de plomo cuyo peso representan las cargas a soportar. El objetivo era resolver el problema planteado por las bóvedas parabólicas que se apoyaban sin interrupción sobre pilares inclinados. Esta maqueta, elaborada en los talleres de la Sagrada Familia,

sólo sirvió para construir la cripta. Ésta
presenta en el centro una única bóveda
en ladrillo soportada por cuatro columnas
oblicuas en basalto y por un muro que hacía
las veces de ábside. Alrededor, en forma de
U, abriéndose al exterior, un deambulatorio
sigue el trazado de la cripta. Éste consta
de once columnas oblicuas, de formas y
texturas diferentes, cuya disposición podría
parecer aleatoria, pero que se funden en el
pinar de los alrededores. En ese proyecto
el arquitecto tuvo la oportunidad de resolver
los problemas técnicos relativos a las bóvedas
parabólicas que quería utilizar en el interior
de la Sagrada Familia.

El hotel que dos banqueros neoyorquinos le
encargaron a Gaudí en 1908, y del que sólo quedan
algunos esbozos, presenta el mismo estilo que la
cripta de la iglesia de la Colonia Güell. Sin embargo,
en él también se encuentran las formas ondulantes
de la Casa Milà y la verticalidad parabólica de
los campanarios de la Sagrada Familia. Se pensaba
situar este hotel de prestigio fuera de Manhattan,
en medio de jardines, y debía verse desde muy lejos.

Gaudí, ayudado por Berenguer y Matamala,
imagina un edificio culminante de 310 m; dicho

de otro modo, un poco
más alto que la torre
Eiffel y un poco menos
que el Empire State
Building, construido
veinte años más tarde.
Tanto la torre principal
como las torres
adyacentes que
la flaqueaban, once
en total, tenían
un perfil parabólico.
Por fuera debían
estar recubiertas con
mármoles policromos,
salvo ciertas pequeñas
torres adyacentes, que

El dibujo que
conservamos de la
iglesia de la Colonia
Güell (*superior*) muestra
un edificio que no está
situado en el centro
de la ciudad, que era
tradicionalmente
el lugar de culto, sino
en un lugar elevado que
dominaba la pequeña
ciudad. Se debía acceder
a ella por un camino
y un puente cuyo único
arco era parabólico.
Las dimensiones del
edificio lo convertían
en un lugar de reunión
que sobrepasaba la
mera satisfacción
de las necesidades
espirituales. Sus
numerosas cúpulas
esbeltas, agrupadas
alrededor de la cúpula
central, revestidas
de cerámicas de colores
intensos, le conferían
el lugar de honor en la
jerarquía arquitectónica
del pueblo y le
concedían la supremacía
sobre los edificios
industriales vecinos.
Izquierda, uno de los
bocetos para el gran
hotel neoyorquino.

habrían presentado un aspecto comparable al de la Casa Milà. De hecho, si Gaudí hubiera viajado para supervisar la construcción de ese gigantesco conjunto, seguro que habría improvisado y utilizado la carpintería metálica exigida por los mecenas. Sin embargo, probablemente por motivos de salud, no llegó a ir a Nueva York.

No por ello dejó de ser útil el proyecto para llevar a cabo las maquetas definitivas de la Sagrada Familia, igual que éstas se beneficiaron de todas las experiencias realizadas incansablemente durante más de veinte años en aquella obra sublime. En la historia de la arquitectura quizás no exista empresa

Las aberturas de las fachadas laterales de la cripta de la iglesia de la Colonia Güell están adornadas con vidrieras de vivos colores; unos presentan forma de rosetón y otros están adornados con una cruz. En el exterior, esas aberturas están rodeadas por un *trencadís*, cuya textura brillante se armoniza con la de las vidrieras. Gaudí dejó dicho en varias ocasiones que

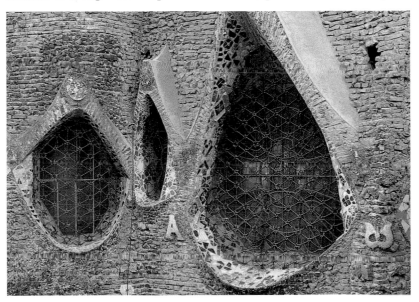

comparable. El aire titánico que la envuelve se encuentra más cerca de la literatura épica. ¿No evoca la Sagrada Familia una epopeya visionaria en la que se mezclan mitos antiguos y el mundo maravilloso del cristianismo? Gaudí, que consideraba su obra el «templo helénico del gótico mediterráneo», parece haber reivindicado esta fusión.

su muerte no debía interrumpir bajo ningún concepto sus trabajos; la obra de la Sagrada Familia (*véase* pág. 96) sigue construyéndose en la actualidad, mientras que el arquitecto está en proceso de ser beatificado en Roma.

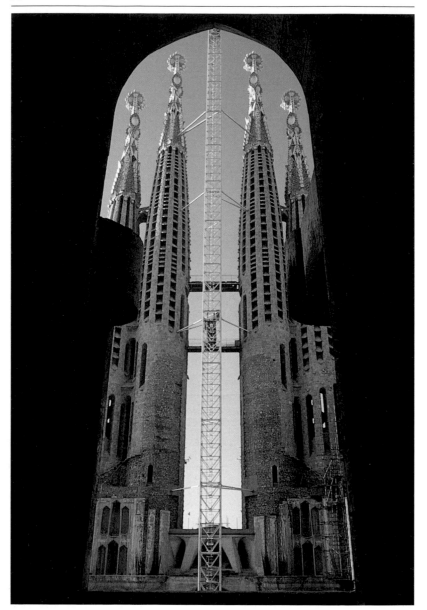

TESTIMONIOS
Y DOCUMENTOS

Interpretaciones divergentes

En vida de Gaudí, su obra sólo fue estudiada y juzgada por sus compatriotas. La crítica internacional, a pesar de la abundancia y la calidad de la prensa artística de la época, lo ignora casi por completo. Así, la exposición que le dedica en 1910 en París el Salón de la Sociedad Nacional de Bellas Artes no suscita demasiado interés y ningún arquitecto extranjero desea emprender el viaje a Barcelona para ver las obras del maestro.

La filosofía y el arquitecto

El intelectual catalán Francesc Pujols (Barcelona, 1882-Martorell, 1962), autor de un sistema filosófico, la pantología, en 1927 dedicó a Gaudí un ensayo en el que proponía una lectura esotérica de su obra, por lo general refutada por los discípulos del arquitecto.

Los grandes órganos de Barcelona

Este gran constructor de arquitectura, del que se ha dicho con mucha razón que era el poeta de la piedra, igual que se le podría llamar el músico, no sólo del silencio que acompaña a la arquitectura, y del viento, que, en el original labrado de las aristas de las piedras y las paredes canta con un sonido muy diferente al de los edificios de los demás arquitectos modernos contemporáneos de Gaudí, que ya van desapareciendo, sino porque nos dijo que había concebido un sistema general de campanas tubulares que debían tocarse mediante un teclado en todos los campanarios del templo, que serían quince o veinte, creando melodías y armonías que se oirían por toda Barcelona, por la mañana, al mediodía y por la tarde. También podrían llamarlo «el escultor de la arquitectura» porque, aparte de poner muchas figuras del mundo orgánico, que son las propias de la escultura, como las inorgánicas lo son de la arquitectura, daba, como hemos dicho y volvemos a decir, la cualidad orgánica a la concepción del conjunto y del detalle de los edificios que construía, sobre todo últimamente. Como podríamos llamarlo también pintor, no sólo por el proyecto que nos contó en el que debía policromar todo el templo, sino porque, como todos sabemos, en los edificios donde hizo combinaciones decorativas de color, llegó a finezas purísimas, que se funden en los ojos y en la mirada, como el azúcar en la boca. Ha sido el arquitecto que, habiendo querido y adorado, toda la vida y como muy pocos, el arte griego, dejó un edificio, como la Sagrada Familia, del cual pudo decir un cochero que, guiando el caballo con las riendas y el látigo en la mano, se daba la vuelta al visitante que acompañaba a la visita del templo y lo miraba sentado en el coche, quieto ante aquel fragmento sublime de la catedral de Gaudí, que

Vista axonométrica ideal de la Sagrada Familia, por Francisco Valles.

era una fachada toda de piedra labrada con el martillo, igual que le oímos decir nosotros mismos en una de las muchas visitas que hicimos, hacemos y haremos a aquel pedazo de fachada de aquel templo, que quizás no ha de terminarse nunca y que, haciendo cantar el silencio del Camp de l'Arpa, que es allí donde se encuentra el templo moderno, Gaudí, con su lenguaje tan concreto como simbólico, la llamaba la puerta de la Vida o del Nacimiento, que es allí donde hay gallos y gallinas como en la puerta de una masía. De este mismo modo, la puerta lateral que debería de haber en el lado opuesto sería la puerta de la Muerte y la del medio o la puerta principal, la puerta de la Resurrección; Gaudí las explicaba y las hacía ver tan claras como si ya estuviesen terminadas

y se pudiese entrar y salir por ellas, porque para él, que, como hemos dicho y volvemos a decir, como final de la visión artística que hemos mencionado antes, antes de pasar a la visión religiosa que mencionaremos, era el hombre de las facilidades: cuando tenía una cosa pensada, era como si ya la tuviese hecha y terminada.

La voluntad de poder en el Art Nouveau

De todas formas, dejando de lado nuestro estilo, porque en el fondo no es más que una propaganda llena de aquella insensata insistencia que aconsejaba nuestro admirable d'Ors, hace años, de nuestras ideas científicas y de los ideales básicos de Cataluña, diremos que en cuanto al estilo de nuestro arquitecto sí es evidente que una ciudad dirigida y construida bajo los auspicios de la concepción arquitectónica de Gaudí, a base de su gran estilo monstruoso, barroco y contorsionado, habría sido una ciudad igualmente monstruosa, barroca y contorsionada, con calles y plazas, edificios y jardines monstruosos, barrocos y contorsionados, como el Park Güell, la Casa Milà y la Sagrada Familia. También es evidente que habría sido la ciudad más viva estéticamente de todas las ciudades modernas, que, como todos sabemos, están construidas mecánica y matemáticamente como una obra de ciencia, como ciudades de la época científica que son, sin buscar más aspecto estético que el académico, y a aquellos que digan que una ciudad gaudiniana habría sido horrible y fuera de tono y que enseguida cierran los ojos para no ver la visión artística que esta idea les evoca, diremos que no sabemos por qué les extraña que una ciudad moderna contorsione y deforme su estilo arquitectónico para encontrar la esencia viva y flamígera de la emoción estética fundamental, en una época como la moderna, que precisamente, como todos sabemos, ha contorsionado la poesía, la música, la pintura y la escultura para encontrar dicho elemento estético que se había perdido en la aplicación fría y correcta de los cánones académicos de los demás estilos, dejando a la arquitectura para Gaudí, como si quisiesen que este arquitecto se encargara solo de hacer en la arquitectura lo que ellos habían hecho colectivamente y con éxito en esas cuatro bellas artes.

Si en la época de Wagner y de Cézanne, que contorsionaban las visiones musicales y pictóricas que tenían, rompiendo los cánones de la música y de la pintura italianas, respectivamente, y en la época de Strauss y de Stravinski, en música, y de Picasso, en pintura, sin mencionar los seguidores e imitadores que han tenido en la poesía y en la escultura que, en esta escuela y en estas tendencias, son dos artes que no han tenido la iniciativa de la deformación de los cánones y se han limitado a seguir las lecciones y los ejemplos prácticos de la música y de la pintura, que se habían lanzado antes que ellas a la aventura artística de los tiempos modernos, no encuentran natural y consecuente que una ciudad como la que habría concebido y construido Gaudí si le hubiesen dejado, es como si no la encontrasen natural en plena época de civilización primitiva, cuando el arte da las deformaciones y las monstruosidades que todos conocemos y hemos visto en la historia del arte, en la producción ardiente de los pueblos primitivos, que aunque es muy cierto, como nosotros sostenemos, que lo hacían de aquella

manera y en aquel estilo porque no sabían más, el resultado es que, como en las pinturas, los dibujos y los escritos de nuestros niños actuales, cuando aún no han salido de la inocencia, esta deformación primitiva que procedía de las dificultades y la ignorancia daba una cantidad de expresión vital estética poderosa, que es la misma cantidad y calidad que los artistas de nuestros días buscan, haciendo que todo estalle sin piedad ni compasión, retorciendo y deformando lo que les convenga, y, sobre todo, sabiendo que esta concepción artística no sólo puede gustar, sino que provoca reacciones profundas entre la gente, como saben todos los contorsionistas artísticos que sólo piensan en la minoría sensible que puede llegar a sentir la emoción viva que ellos buscan y quieren encontrar y dar, unos grandiosamente, como Wagner, Cézanne y Gaudí, que son creadores y deformadores homéricos, que, destruyendo la armonía sublime de este gran poeta griego que dentro del clasicismo es el más grande que ha existido y que existirá, les queda la grandeza y la gracia, y otros delicadamente, como el que trabaja escribiendo o pintando con cuernos de insecto, que son las antenas que palpan la realidad, como los órganos invisibles de la sensibilidad humana han de palpar a su manera las visiones artísticas que nos llegan al alma.

Mientras Wagner, Strauss y Stravinski buscaban formas nuevas de la música volviendo a la concepción primitiva del arte por medio del refinamiento más agudo, que es el que se aproxima más a la primitividad, porque los extremos se tocan, Wagner, deformando el cuadro canónico de la música italiana, como hemos dicho, Strauss, aumentando y estridenciando las sonoridades, y Stravinski, rompiendo agudamente las melodías y las armonías para llegarles a las entrañas, y mientras Cézanne deformaba la figura y el paisaje para intensificar la vida de la visión pictórica, y Picasso hacía de las suyas con sus trazas y mañas geniales y felinas, triunfando en París, después de haber pasado los primeros años de su vida en Barcelona, que es allí donde vivían sus padres a pesar de no ser catalanes, Gaudí, mudo como la piedra, sin decir nada, hacía lo mismo obedeciendo el mismo ritmo de la tragedia artística moderna revolucionaria para volver a los principios fundamentales de todos los pueblos, sin moverse de Barcelona y sin conocer ni a Wagner, ni a Strauss, ni a Stravisnki, ni a Cézanne, ni al mismo Picasso, ni a nadie, igual que ellos no lo conocían a él ni sabían quién era; iba haciendo como ellos, e igualmente Cataluña, sin moverse de Barcelona ni presentarse al mercado universal del arte moderno, se incorporaba a la fiebre de nuestros tiempos en el ramo artístico, con la única rama del arte que los demás países dejaban libre o sujeta a los cánones clásicos de la Antigüedad o a las necesidades de la construcción moderna que retuerce el hierro como la paja y hace piedras del cemento, que antes servía para atar y unir las piedras las unas con las otras.

Podemos añadir como final de estas consideraciones en cuanto a la historia del arte y su característica en los tiempos modernos que, así como Wagner, Cézanne y demás innovadores revolucionarios que buscaban la tradición viva estética de los fundamentos de la emoción sensible operaron encima de un montón de autores que, innovando lentamente, fueron preparando día a día la revolución artística del siglo XIX y del siglo XX

y el triunfo clamoroso de la esencia estética sobre desechos canónicos de las formas puras que habían perdido la vida en nuestros tiempos eminentemente científicos, que habían secado las hojas más verdes del árbol artístico porque, como el viento de la ciencia no había sido demasiado favorable a la cosecha, fue necesaria la luz de la sensibilidad moderna de esta misma época tan científica, que es la que lo es más de todas las épocas conocidas, para rehacer la visión esencial de la obra de arte, Gaudí, mientras, al contrario que Wagner, Cézanne y los demás, empezó la revolución él solo en Barcelona, sin precedentes ni aquí ni fuera de aquí, porque los estilos modernos que él seguía e imitaba, tal como los de tiempos antiguos, no eran estilos que luchasen por la esencia estética mencionada, que fue la aspiración suprema de la sensibilidad del siglo XIX y del XX, irritada por la muerte científica de la obra artística. Por ello, debemos situar a Cataluña en la historia del arte, igual que la podríamos situar geográficamente en el mapa, donde Gaudí hacía con su único genio todo lo que los demás genios de los demás países y de las demás ramas del arte hacían resumiendo y perfeccionando los esfuerzos de los artistas que los habían precedido.

Francesc Pujols,
La visió artística i religiosa d'en Gaudí,
Barcelona, Cataluña, 1927.

La visión de un poeta

Entre 1910 y 1914, Apollinaire dio dos visiones muy diferentes de Gaudí.

Se organizó una exposición sobre la obra global del arquitecto catalán

Gaudí, pero que no se inspiren nuestros arquitectos en sus fantasías.

El arte decorativo, que debería ser una de las principales preocupaciones de la Sociedad Nacional de Bellas Artes, es francamente malo.

Guillaume Apollinaire,
«Fin de la promenade
dans le Grand Palais»,
en *L'Intransigeant*, 19 de abril de 1910

Anton Gaudí es un arquitecto catalán cuyos edificios han transformado Barcelona. Es uno de los arquitectos modernos más personales. Ha llevado muy lejos, entre otras cosas, el arte de las terrazas y de todo lo que se encuentra en general sobre las cubiertas de las casas, dando así a la ciudad ese aspecto tumultuoso y animado que la mayoría de las construcciones llamadas modernas descuidaban.

La Casa Milà es una de las obras más completas y más simpáticas que ha construido.

Resultaría útil que conociésemos aquí a este arquitecto. El salón de otoño que en su próxima edición dará la bienvenida al arquitecto vienés más importante también debería recibir a Anton Gaudí y a los arquitectos catalanes, igual que a los arquitectos checos y a los arquitectos de los rascacielos americanos; estos últimos, en mi opinión, son alumnos de la Escuela de Bellas Artes que aprovecharon bien las enseñanzas que recibieron aquí. Sería justo poderlos conocer.

Guillaume Apollinaire
En *L'Intransigeant*, 14 de julio de 1914

Una prensa intransigente con motivo del Salón de 1910

Nos asusta el número de maquetas que expone el sr. Gaudé [*sic*], de Barcelona: unas en miniatura, otras mayores, sin contar el montón de fotografías de sus numerosos trabajos. Seguro que no existe entre nosotros un francés que haya construido tanto, aunque no estamos seguros de que realmente eso sea arquitectura... Podríamos llegar a decir que, salvo algunos bosquejos, aun así bastante incorrectos, y algunos dibujos técnicos que pretenden ser... estables, no encontramos la menor lámina ni el menor dibujo de arquitecto, entre tantas maquetas y fotografías.

La mayor parte de las obras de Gaudé [*sic*] se exponen en una sala especial iluminada con luz artificial y cerrada por una gran cortina, lo que hace pensar de inmediato en aquellas pequeñas habitaciones reservadas de los museos de feria, a las que sólo pueden acceder los hombres a cambio de un pequeño suplemento.

En la Nacional, afortunadamente no se paga ningún suplemento por entrar a la sala especial del sr. Gaudé [*sic*], pero aunque lo que se ve allí no tiene nada de obsceno, ¡tampoco es demasiado bonito! Nos preguntamos cómo se puede construir un edificio como ese templo de la Sagrada Familia en Barcelona, cuya enorme maqueta considerablemente policromada nos muestra la fachada, pero si alguien alberga dudas de la verdadera existencia de ese monumento, las fotografías que muestran su construcción las disipan. ¿Se trata de arquitectura de Dahomey? ¡Ni hablar! Más bien corresponde a la arquitectura de un artesano heladero. Puedo imaginar esa extraordinaria obra sobre la mesa de Gargantúa, aunque no me

gustaría probarla... ¡Esos colores
no desprenden nada bueno!

J. Godefroy, en *L'Architecture*,
Sociedad Nacional de Bellas Artes,
7 de julio de 1910

El homenaje de Le Corbusier

*Durante un viaje a España, durante
la primavera de 1928, Le Corbusier
descubre la obra del maestro Gaudí,
como lo demuestra un dibujo de la
escuela parroquial de la Sagrada Familia.*

Íbamos a Sitges; por el camino, una
casa moderna me intrigó: Gaudí. Y a la
vuelta, en el paseo de Gracia, grandes
edificios me llamaban la atención...;
más lejos, la Sagrada Familia... ¡Gaudí
aparecía en todas partes!

Tuve el atrevimiento de interesarme
y descubrí el capital emotivo de 1900.
Esa época fue cuando abrí los ojos a las
cosas del arte y siempre he conservado
un tierno recuerdo de esos años.

Como arquitecto de «cajas de jabón»
(las casas La Roche, Garches, villa
Saboya), mi actitud de entonces
desconcertaba a mis amigos.

¿Existe un antagonismo entre
el 1900 y la «caja de jabón»? Yo no me
planteaba tal cuestión. Lo que había en
Barcelona –Gaudí– era la obra de un
hombre de una fuerza, de una fe, de
una capacidad técnica extraordinaria
manifestada durante toda una vida
de obras, de un hombre que hacía
labrar las piedras en su presencia, según
dibujos técnicos verdaderamente sabios.
Gaudí es «el constructor del 1900», el
hombre de oficio, arquitecto de piedra,
de hierro o de ladrillos. Su gloria
aparece hoy en su propio país. Gaudí
era un gran artista; sólo los que llegan
al corazón sensible de los hombres
permanecen y permanecerán. Sin

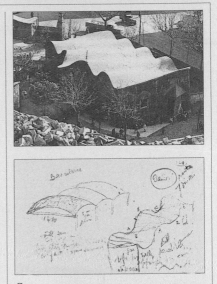

Superior, las escuelas construidas en el recinto
de la Sagrada Familia en 1909-1910 por Gaudí:
muros y cubiertas presentan un movimiento
sinusoidal continuo. *Inferior*, un croquis
de Le Corbusier que atestigua el interés que
sentía por Gaudí desde su viaje a Barcelona
en 1928.

embargo, a lo largo del camino, son
maltratados o acusados de pecar por
hacer lo que hacen en ese momento.
La arquitectura cuyo significado estalla
en el momento en el que dominan las
grandes intenciones, superando todos
los problemas concentrados en la
línea de fuego (estructura, financiación,
tecnicidad, uso) y ganando gracias
a la ilimitada preparación interior,
la arquitectura es fruto del carácter,
propiamente dicho: una manifestación
del carácter...

Charles-Édouard Jeanneret,
apodado «Le Corbusier»,
extracto del prólogo
(escrito en 1957) de *Gaudí*,
Ediciones Polígrafa, Barcelona, 1967

El homenaje surrealista

La arquitectura de Gaudí huye de la geometría pura y presenta una estrecha afinidad con las formas vivas y naturales que recurren al imaginario. Por tanto, no debe sorprender que el arquitecto deba su primera rehabilitación a los surrealistas.

En diciembre de 1933, siete años después de la muerte de Gaudí, aparece en la revista *Minotaure*, de reciente creación, el célebre texto de Salvador Dalí (1904-1989) titulado «De la belleza aterradora y comestible de la arquitectura Modern Style». Tras la desaparición de su revista *Le Surréalisme au Service de la Révolution*, el movimiento surrealista carecía de portavoz. Pero el relevo llegó pronto: el editor Skira decidió lanzar una nueva revista de arte, *Minotaure*, cuya dirección no tardaron en tomar los surrealistas.

La ventaja de *Minotaure*, que gozaba de una sólida financiación, era la de ofrecerles la posibilidad de recurrir a las ilustraciones, posibilidad que explotaría brillantemente Dalí. A pesar de su título genérico, el artículo es en realidad un vibrante homenaje a la obra de dos arquitectos: Hector Guimard y Antoni Gaudí. Aconsejado por Marcel Duchamp (1887-1968), Dalí recurrió a Man Ray (1890-1976) para ilustrar su texto. El término *ilustrar* no es el más adecuado debido al estrecho vínculo que hay entre texto e imagen. En efecto, las fotografías de Man Ray relativas al Park Güell, la Casa Batlló y la Casa Milà no tienen nada de documental. La elección de los detalles, la iluminación, el ángulo desde donde se toman las fotografías revelan una subjetividad

hasta entonces poco corriente en el campo de la fotografía de arquitectura. Las imágenes hablan el mismo lenguaje que el texto hasta tal punto que es difícil primar uno sobre el otro en la expresión del pensamiento surrealista. ¿Fue la visión del fotógrafo la que orientó al pintor a escribir los pies de las fotografías? Recordemos la peculiaridad de su carácter. Dalí comenta la reproducción de la cancela de entrada de un portal en estos términos: «Se entra a las grutas por tiernas puertas de hígado de ternera», mientras que el interior del portal es calificado de «superneurosis mamut» y el banco en *trencadís* de la terraza es presentado como «la neurosis extrafina ondulante policroma gutural». A los ojos de Dalí, la fachada de la Casa Milà evoca «las olas fósiles del mar» y uno de sus balcones, «la espuma de hierro forjado». En cuanto a la Casa Batlló, sus huesos se ven desde el exterior. ¿Fue, por el contrario, el fotógrafo quien convirtió a su objetivo en el instrumento más fiel del pensamiento del pintor? Es difícil de decidir. Sea como fuere, esas páginas de *Minotaure* son uno de los testimonios más valiosos que unen al Modernismo y al surrealismo. Tanto que, en ese mismo número, André Breton (1896-1966) presentaba algunos dibujos mediúmnicos y comentaba esa relación en su artículo de diciembre de 1933 titulado «El mensaje automático»: «No dejan [...] de llamar la atención las afinidades de tendencias que presentan esos dos modos de expresión: ¿qué es –me siento tentado a preguntar– el Modern Style sino un intento de generalización y adaptación, al arte inmobiliario y al mobiliario del diseño, de la pintura y de la escultura mediúmnicas?». Analogía que, años más tarde, recibe el apoyo del Museum of Modern Art de Nueva York, cuyo director, Alfred H. Barr, organiza en 1936 la exposición «Arte fantástico, dadaísmo, surrealismo», en la que introduce creaciones modernistas. Este precoz reconocimiento del que fueron los autores, lo recordarán los surrealistas, treinta años más tarde, cuando, no sin reticencias, el Modernismo es finalmente tomado en consideración por los historiadores del arte. En efecto, es sorprendente que la interpretación surrealista fuese omitida por Joan Cassou (1897-1986), comisario de la exposición «Las fuentes del siglo XX», que se inauguró en París, en el Museo nacional de Arte moderno en noviembre de 1960, y que incitaba al estudio del Art Nouveau. Tras esto, se tuvo que reaccionar. Roger-Henri Guerrand, en su obra *El Art Nouveau en Europa*, publicada en 1965, aunque escrita un tiempo antes, no sólo menciona la interpretación de Dalí en el capítulo que dedica a Gaudí, sino que pide a Louis Aragon (1897-192) que escriba el prólogo de su estudio. Aragon confirma el interés de los surrealistas por el Modernismo y reconoce el papel pionero desempeñado por Dalí, que califica de «san Juan Bautista del Art Nouveau». Éste, por su parte, prosigue con su interpretación del arte de Gaudí. En el prólogo que escribe en 1968 para el libro de Robert

Salvador Dalí, aureolado bajo el techo de la sala hipóstila del Park Güell.

Descharnes, *La visión artística y religiosa de Gaudí* –ilustrado con notables fotografías de Clovis Prévost–, enumera la lista de aquellas personas a las que resulta imposible, si no prohibida, cualquier aproximación al enfoque genial del arquitecto catalán: «Aquellos que no han visto la visión militante, aquellos que no han tocado las estructuras óseas y la carne viva del delirio ornamental, aquellos que no han comprendido la estridencia cromática y rutilante del color, la estridente polifonía de las torres-órganos y el choque del naturalismo decorativo en mutación, aquellos que no han probado el mal gusto sorprendentemente creador y, para terminar, aquellos que no han sentido el olor de la santidad».

La admiración de Dalí por la obra de Gaudí coincide con la elaboración, a partir de 1928, de lo que él llama el «método paranoico-crítico». Éste consiste en provocar en uno mismo el delirio y expresarlo sin sucumbir a él. La imaginación del artista debe estar en un estado permanente de sobreexcitación. Se trata de un proceso activo del pensamiento, diferente de la escritura automática, de naturaleza más pasiva, que también practicaban los surrealistas. Dalí rechaza abandonarse al automatismo de la mano y provoca voluntariamente la formación y la aparición de imágenes subjetivas. En el momento en que la imagen se revela, el artista debe fijarla. Como Breton, Dalí ve una analogía entre las creaciones del Modernismo y las del surrealismo, pero sin reducirla al producto de una manifestación automática, le confiere una amplitud totalmente diferente. ¿Qué produce la paranoia-crítica? Imágenes obsesivas, de figuraciones múltiples, que constituyen «verdaderas realizaciones de deseos solidificados» («L'Âne pourri», *Le Surréalisme au Service de la Révolution*, n.º 1, julio 1930), a las que da el nombre de «simulacros»: «Los nuevos simulacros que el pensamiento paranoico-crítico puede súbitamente hacer aparecer, no sólo tendrán origen en el inconsciente, sino que la fuerza del poder paranoico también estará puesta al servicio de éste. La paranoia se sirve del mundo exterior para validar la idea obsesiva, con la inquietante particularidad de validar la realidad de esa idea para los demás».

El fenómeno paranoico se encuentra muy próximo al sueño. Éste es una de las tres claves de lectura propuesta por Dalí para la arquitectura modernista en general, pero para Gaudí en particular; las dos restantes son la sublimación de los impulsos eróticos y las neurosis infantiles. Este tipo de interpretación era compartida por el psicoanalista Jacques Lacan (1901-1988) que publicó en el número 1 de *Minotaure* un texto titulado «El problema del

Superior, un «proyecto arquitectónico» de Dalí de la época en la que el pintor descubre e interpreta la obra de Gaudí. El omnipresente tema del ojo se vuelva a encontrar en los sueños del personaje amnésico puesto en escena por Dalí en 1945 en la película Alfred Hitchcock, *Recuerda* (basada en la novela *The House of Dr. Edwards*). La arquitectura de Gaudí sirvió de decorado para la gira de *Salomé* en 1969, adaptación de la obra de Oscar Wilde por Pierre Koralnik, y aparece de nuevo en 1975 en la película de Michelangelo Antonioni, *El reportero*.

estilo y la concepción psiquiátrica de las formas paranoicas de la existencia», que resaltaba «las transferencias creadoras del deseo o de la libido». Otro artículo de *Minotaure*, publicado en la misma entrega que el ensayo de Dalí, daba mayor peso a las observaciones del pintor. En «El arte moderno y el principio del placer», Frois-Wittman afirmaba que «la imaginación del artista tiene [...] una relación estrecha con el pensamiento del soñador, del primitivo, del niño. El hecho dinámico esencial es la ausencia de satisfacción de la libido en el mundo exterior y su introversión subsiguiente (regresión a objetos imaginarios)».

Teniendo en cuenta todos estos parámetros, Dalí llega a la conclusión de que está perfectamente fundada la relación entre el arte del pastelero o del vendedor de helados, sostenida

Fotografía antigua de la cubierta de la Casa Milà.

por los detractores de Gaudí para denigrar su arte: «Repito que se trata de una comparación lúcida o inteligente, no sólo porque ésta denuncia el extremado prosaísmo-materialismo de las necesidades inmediatas, urgentes, donde se hallan los deseos ideales, sino porque, por la misma razón, de este modo se hace alusión sin eufemismos al carácter nutritivo, comestible de esa clase de casas, las cuales no son otra cosa que las primeras casas comestibles, los únicos y primeros edificios erotizables, cuya existencia verifica esa "función" urgente y tan necesaria para la imaginación amorosa: poder realmente comer el objeto de deseo». La recreación de Gaudí de elementos naturales inalcanzables, en movimiento perpetuo –Dalí ve en la Casa Milà «una casa que sigue las formas del mar, que representa las olas un día de tormenta»–, invita ciertamente a la fantasía, pero también a la consumación. Respecto a la Casa Batlló, aparece como una «verdadera escultura de reflejos de nubes crepusculares en el agua, posible gracias a un inmenso e intenso mosaico multicolor y rutilante, con irisaciones puntillistas del que emergen formas de agua corriente, formas de saltos de agua, formas de agua estancada, formas de agua reflejada, formas de agua ondulada por el viento, todas ellas construidas en una sucesión asimétrica y dinámica-instantánea de relieves quebrados, sincopados, enlazados, fundidos por los nenúfares y las ninfeas «naturalistas-estilizadas» que se concretan en excéntricas convergencias impuras y aniquiladoras, en espesas protuberancias de miedo que surgen de la fachada increíble, contorsionada a su vez por todo

Montaje fotográfico realizado por Robert Descharnes que combina a Dalí tumbado sobre las rocas del Cap de Creus con un fragmento ornamental del portal de la Natividad de la Sagrada Familia.

el sufrimiento demencial y por toda la calma latente e infinitamente dulce que no tiene correspondencia salvo en los horrorosos florúnculos apoteósicos y maduros listos para ser comidos con cuchara, una cuchara blanda con sangre y grasa, de carne manida que se acerca». Y Dalí concluye «De la belleza aterradora y comestible de la arquitectura Modern Style», por una declaración que retoma la de Breton –«La belleza será convulsa o no será»–: «La nueva etapa surrealista del "canibalismo de los objetos" justifica igualmente esta conclusión: la belleza será comestible o no será».

Para Dalí, no sólo existe una ósmosis entre la arquitectura de Gaudí y la vanguardia surrealista. Ésta aparece a su vez como una herramienta y como uno de los frutos más bellos del método paranoico-crítico. Pero además constituye un arma en la lucha contra la arquitectura funcionalista de su época, que califica de «arquitectura autopunitiva». Esta opinión la comparte Tristan Tzara (1896-1963), que escribía también en *Minotaure* ese mismo año 1933: «La "arquitectura moderna", por muy higiénica y despojada de ornamentos que quiera aparentar, no tiene ninguna posibilidad de vivir –podrá, como mucho, malvivir gracias a las perversidades pasajeras que una generación se cree con derecho a formular inflingiéndose el castigo por quién sabe qué pecados inconscientes [...]– porque es la negación misma de la casa», y afirmaba que la arquitectura debe ser intrauterina y que sólo se puede conseguir resolviendo «los problemas de la comodidad y del bienestar materiales y sentimentales» (en «Sobre un cierto automatismo del gusto»). La bestia negra de los surrealistas ante todo es Le Corbusier (1887-1965), el «arquitecto masoquista y protestante que es, como ya sabemos, el inventor de la arquitectura autopunitiva» (Salvador Dalí, *Los cornudos del viejo arte moderno*, 1959). El artículo de Dalí publicado por *Minotaure* ante todo había sido concebido como una respuesta al ataque lanzado contra Gaudí en los *Cahiers d'Art*, que favorecían la arquitectura «ultramoderna». Años más tarde, en un texto escrito en 1968 que servirá de prólogo a la obra de Robert Descharnes,

describe la inmensa satisfacción que sintió al ver las fotografías de Clovis Prévost, a causa de sus cualidades. Una de ellas, que apreció particularmente, plasmaba el elemento «anti-Le Corbusier en todo lo que más podía irritar al "Corbu-protestante"». Y no puede reprimirse al maligno deseo de recordar la declaración que en 1929 le había hecho Le Corbusier, a saber, que Gaudí era «la vergüenza manifiesta de la ciudad de Barcelona». Dalí le replicó sin más que «el último gran genio de la arquitectura se llamaba Gaudí, cuyo nombre en catalán significa "gozar" igual que Dalí significa "deseo"», y le contó que «el goce y el deseo son lo propio del catolicismo y del gótico mediterráneos, reinventados y llevados al paroxismo por Gaudí». Ése era otro enfoque de la obra de Gaudí –en este caso se trataba del destacado arquitecto de la Sagrada Familia–, desarrollado recientemente por el filósofo Francesc Pujols (1882-1962) en su ensayo de 1927, *La visió artística i religiosa d'en Gaudí*.

La interpretación surrealista de la arquitectura gaudiniana, con la que se está de acuerdo o no, resulta evidentemente de un gran interés para la comprensión del propio movimiento surrealista, pero también permite comprender por qué los historiadores de la arquitectura moderna tuvieron tantas dificultades hasta finales de la década de 1950 en situarla, en integrarla en la historia de la arquitectura en general y en la del Modernismo en particular. Su gran originalidad era difícilmente recuperable. Era más fácil ocultarla y hacerla pasar por la obra de un iluminado o de un *facteur Cheval*.

Philippe Thiébaut, 2001

Una visión fotográfica: Clovis Prévost

Las fotografías de Clovis Prévost, autor, fotógrafo, cineasta, son conocidas. Desde hace treinta años, han podido verse en el marco de exposiciones presentadas en lugares tan diversos como Céret, Amiens, Valencia, Chambord, Tokio, Osaka, Kioto, Montreal o París. No «datan» de hoy, pero no dejan de llamar la atención y de revelerse de una eficacia sobrecogedora en la exploración del universo gaudiniano.

En 1969 aparece en Lausanne, en las ediciones Edita, un lujoso volumen titulado *Gaudí visionnaire. La vision artistique et religieuse de Gaudí*, que será traducido a lo largo de los siguientes años al catalán, español, inglés y japonés, y más tarde se reeditará en 1982. Para los eruditos, este título evoca de inmediato uno de los primeros textos escritos tras la muerte del arquitecto: el de Francesc Pujols (1882-1962) publicado en 1927. No se trata en absoluto de un plagio, ya que esta obra se termina cuando el texto de Pujols se traduce al francés por primera vez. El traductor no es otro que Salvador Dalí, que también escribió el prólogo del libro de Robert Descharnes y Clovis Prévost. Incluso hoy, cuando abrimos el libro, inmediatamente nos llaman la atención las extraordinarias dobles páginas que presentan detalles arquitectónicos de la Sagrada Familia y de la Casa Milà. Esas fotografías son obra de Clovis Prévost y son anteriores a la publicación del libro, pero en ningún caso dan la impresión de ser el encargo de un editor en busca de «ilustraciones» para un texto. Al contrario, fueron fruto de

un trabajo espontáneo que un joven llevó a cabo entre 1962 y 1966.

Durante un viaje en 1962, cuando Clovis Prévost tenía 21 años, descubre la obra de Gaudí. Desde hacía dos años estudiaba arquitectura en la Escuela Nacional de Bellas Artes de París, en el taller de Herbé-Albert-Prouvé, un taller muy abierto donde se evocaba la personalidad de Gaudí. Con la beca que le concedieron, se compró una Leica. Las fotografías que obtuvo de su primer viaje a Barcelona, y que reveló él mismo de un modo totalmente artesanal, suscitaron el interés de sus compañeros. Entonces decidió hacer pequeños álbumes, que vendía, y que le permitió financiar otros viajes a Cataluña, de los que surgió el material para nuevos álbumes. Un día –el martes 4 de abril de 1967 para ser precisos–, Paco Rabanne, uno de sus amigos y también alumno de la Escuela de Bellas Artes, mostró a Salvador Dalí uno de esos álbumes. Acto seguido, el maestro llamó por teléfono al joven para comunicarle que participaría en el libro más bello jamás realizado sobre Gaudí. En ese momento, Clovis Prévost cree que se trata de una broma, pero

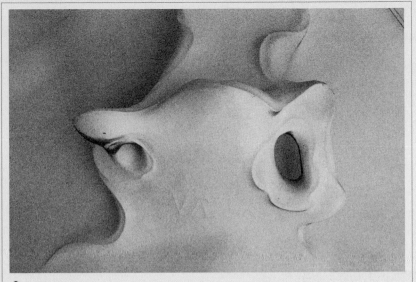

«Los techos dan nacimiento a renacuajos portadores del avemaría» (Casa Milà, 1963).

no es así y el fotógrafo debe acudir de inmediato al hotel Meurice.

Dos años más tarde, aparece el libro. Durante ese período, Clovis Prévost participa en la búsqueda iconográfica con Claude Lenfant-Prévost así como en la maquetación y la redacción del texto.

Cuando se le pregunta cuál fue su primera reacción ante la obra de Gaudí, Clovis Prévost responde que le dejó estupefacto la «función hipnótica» de esa obra, que no sólo se ejercía desde el exterior, aunque en esa época los edificios no presentasen un aspecto tan bello como el que se aprecia en la actualidad, sino también desde el interior, entonces más accesible. Recuerda la pequeña pensión que había en la Casa Milà: por la noche, las luces de la calle proyectaban las sombras fantásticas de los balcones en hierro forjado en los torbellinos de los techos ondulantes, creando así un mundo cuya naturaleza resultaba difícil de definir. Creyó que el mejor modo de emprender una aproximación y un análisis de esas formas indefinibles era la fotografía. Asimismo, preparó un guión para una película, que rodó en 1970 cuando es director del Departamento de Cine creado por Aimé Maeght. Declara que, a lo largo de su recorrido por la obra de Gaudí, se convirtió en escritor-fotógrafo-cineasta autodidacta, pero insiste en que esa iniciación al espíritu catalán se benefició también del encuentro con otros creadores catalanes: Joan Prats, Joan Brossa, Tàpies.

Sobre su visión de Gaudí, el fotógrafo cuenta: «La obra de arte total de Gaudí es un lugar sincrético que engloba y mezcla, donde cada porción del espacio repercute en todas las demás. [...]

»El conjunto de la obra de Gaudí tiene por esencia ese fantasma procreador que pone en escena y construye el deseo de vivir.

»Gaudí es realmente en arquitecto de la vida, ya que consigue movilizar lo inmóvil y espiritualizar la materia.

»Estas imágenes son los paisajes de una fantasía íntima, los instantes decisivos de un encuentro.

Cada forma descubierta, captada, fuerza la mirada y se convierte en una morada para la imaginación.

Fotografiar es la voluntad de percibir, es hacer visible las metamorfosis y penetrar en el corazón de las apariencias; hacer de la visión una violencia.

La yuxtaposición de dos imágenes revela a quien las contempla un sentimiento extraño a cada una de ellas. La ordenación y el montaje de las fotografías establecen una red de vínculos y de confrontaciones de múltiples y sucesivos aspectos: sincrónicos cuando el mismo motivo aparece bajo ángulos diferentes, rítmicos y puntuales cuando la imagen está asilada o simétrica, sincopados cuando una doble página une imágenes alejadas en el espacio y el tiempo.

A veces la imagen se desgarra y se abre idealmente simétrica, con la sombra y la luz de la mañana y de la tarde reunidas en equilibrio gracias a ese artificio. El negro en el que flota cada fotografía, lejos de ser el color del vacío y de la nada, es el tinte activo de donde nace el sueño».

Testimonio recogido
por Philippe Thiébaut, 2001

Página anterior: «La noche estrellada de Belén sobre el portal de la Caridad» (Sagrada Familia, 1963). Página siguiente, otro aspecto de la arquitectura de la Sagrada Familia.

Un apasionado coleccionista: Pedro Uhart

Considerado como uno de los más importantes coleccionistas privados de obras de Gaudí, Pedro Uhart nació en 1938 en Concepción (Chile). Mientras estudiaba derecho también se dedicaba a pintar. En 1962 abandona Chile y se instala en Europa. En 1971 empieza a pintar sobre sábanas, a las que da el nombre de «murales flotantes» y que expone en calles y jardines públicos. Una de ellas, bautizada Once de septiembre de 1973, *expuesta en la Bienal de París, denuncia el golpe de Estado de Chile y el asesinato de Salvador Allende. Otras se hallan en Londres y Nueva York. A partir de 1976 empieza a indagar en las fotocopias en color y las polaroids. Desde 1977 expone regularmente en Europa y Estados Unidos.*

¿En qué circunstancias descubrió la obra de Gaudí?

Habíamos decidido, con un amigo venezolano, también pintor, visitar España durante nuestras vacaciones de verano de 1965. Nuestra primera etapa importante fue Barcelona. De inmediato nos embargó una emoción tan grande frente a la arquitectura de Gaudí que decidí saber más sobre su obra y me prometí a mí mismo que volvería en cuanto me fuese posible.

Los libros me resultaron muy útiles para llevar a cabo mi búsqueda. Pude conseguir, entre otras, la obra de José Ràfols publicada en 1928 en la que vi por primera vez muebles y objetos de Gaudí. Esas publicaciones antiguas me ayudaron mucho a la hora de constituir mi colección, como habían ayudado anteriormente a Joan Ainaud de Lasarte (1919-1995), director general de los museos de arte de Barcelona de 1948 a 1985 y el primero en organizar exposiciones sobre el Modernisme

Pedro Uhart al lado de Salvador Dalí coronado por un elemento decorativo gaudiniano.

catalán e introducir en el Museo de Arte Moderno las primeras piezas de artistas modernistas como Gaspar Homar, Joan Busquets y Lluís Masriera. En el prólogo del catálogo de la «Exposición de artes suntuarias del Modernismo barcelonés» que se inauguró en otoño de 1964, declaró: «Me encontré como un detective a la búsqueda de objetos basándome en el libro de Cirici Pellicer [*El arte modernista catalán*, publicado en 1951] que estaba muy bien ilustrado; con los otros conservadores nos dimos cuenta de la importancia de las desapariciones y destrucciones del material. Pensemos, por ejemplo, en la cantidad de mobiliario que era necesario para llenar las habitaciones de la Pedrera y, sin embargo, sólo quedaron, tras la transformación radical de la decoración, dos pequeñas piezas en barro cocido de Lambert Escaler». Gaudí estuvo ausente en esta exposición y hubo que esperar hasta 1969, en la exposición de Madrid «El Modernismo en España», para verlo representado sobre todo por muebles y piezas en hierro forjado procedentes de la Casa Milà, así como por fotografías de sus obras.

¿Qué sentimientos suscitaba la obra de Gaudí en la época en que lo descubrió?
Se puede decir que en esa época reinaba cierta indiferencia heredada del movimiento del Noucentisme, que atacaba el Modernisme. Los partidarios del Noucentisme, como Eugeni d'Ors, no dejaron de denigrar la obra de Gaudí, incluso hasta reclamar su aniquilación. Los efectos de los artículos entonces publicados contaminaron a toda una generación, incluida la de los discípulos de Gaudí que lo acompañaron en los últimos años de su actividad. ¿No adoptaban posturas a favor

de su maestro? Gaudí estaba verdaderamente solo. En realidad, Salvador Dalí fue el primer artista catalán que lo admira y apoya su arte. Dalí cuenta que fue Federico García Lorca quien le hizo descubrir las bellezas de la Sagrada Familia y relata sus palabras ante la fachada de la Natividad: «Oigo un guirigay de gritos que cada vez se vuelven más estridentes hacia el cielo, hasta mezclarse con las trompetas de los

Jardinera en hierro forjado procedente del Palacio Güell (colección Pedro Uhart).

ángeles en un clamor que sólo podría aguantar unos instantes».

En 1956 se crea en la Escuela Superior de Arquitectura de Barcelona la Cátedra Gaudí, que organiza cursos sobre el arquitecto y realiza publicaciones y exposiciones, como en 1967 la exposición «Gaudí». Sin embargo, cuando a finales de la década de 1970 se confirma el reconocimiento internacional del arquitecto, en Barcelona, Gaudí sigue siendo ignorado por los habitantes, que lo consideran como a alguien de la familia, pero medio loco, medio genio. Sus casas, envueltas en un velo de misterio, en las que era difícil entrar, dan la impresión de estar abandonadas. La mugre se acumulaba sobre el banco de cerámica del Park Güell. El único lugar vivo era la Sagrada Familia, que seguía en construcción.

La mayoría de las piezas de ebanistería y objetos que adquirí no habían sido cuidadas desde hacía mucho tiempo y a menudo debía mandarlas a restaurar para evitar una pérdida irremediable: éste es el caso de las puertas de la capilla privada y de la vitrina del comedor de la Casa Batlló, así como de la mayor parte de los objetos y del mobiliario procedente de la Casa Milà.

¿En el transcurso de sus investigaciones, encontró a personas que hubiesen conocido a Gaudí?
Tuve la oportunidad de conocer a descendientes de varios mecenas de Gaudí que me facilitaron mucha información. Un descendiente de Batlló me contó que en 1936, durante la guerra civil, toda la familia Batlló abandonó Barcelona para refugiarse en Italia. A pesar de la solidez de los postigos que protegían las ventanas, hubo gente que entró en la casa y se llevó una parte del mobiliario. También me dijo que las balaustradas de los balcones en forma de máscara estaban revestidas por dentro por pintura dorada, lo que se sumaba a los efectos irisados de la fachada. Un miembro de la familia Güell me reveló que un americano había querido comprar el Palacio Güell para desmontarlo y transportarlo pieza por pieza a Estados Unidos, pero que doña Mercedes, la hija del conde Güell, prefirió dejar el edificio a la Diputación de Barcelona a condición de que la conservasen en su estado original. Sin embargo, el mobiliario, conservado por la familia, fue repartido entre los herederos. También me contó, mostrándome el gran biombo hecho de paneles en cuero de Córdoba que había en el comedor y los dos grandes sillones en caoba maciza fileteada de oro que procedían del gran salón, que su padre había mandado quitar el cuero de los sillones porque los niños lo estropeaban saltando encima de ellos. Cuando compré ese conjunto, me dio un juego de grabados del Palacio Güell que el conde había encargado para enviarlos también a la exposición de París de 1910 sobre Gaudí así como una publicación relativa a la restauración del cuero de Córdoba de los sillones. Otro buen ejemplo es el de una bisnieta de Calvet, que me estaba mostrando en su casa pinturas del escultor Josep Llimona y del mobiliario en madera dorada de Joan Busquets cuando de repente abrió una puerta del comedor y descubrí el mobiliario del comedor de estilo Luis XV diseñado por Gaudí y que Casanelles mencionaba en su obra publicada en 1965.

Tras algún tiempo, algunos historiadores de arte atribuyen un papel protagonista al joven Jujol durante sus años de colaboración con Gaudí. ¿Qué opina usted?

Es cierto que varios investigadores crearon y siguen alimentando una polémica relativa a la relación entre Gaudí y Jujol. Cualquier nueva publicación –artículo, libro, catálogo– relativa a Jujol le atribuye en las obras de Gaudí una parte, a mi parecer, exagerada. Para mí, es obvio que la arquitectura de Jujol no tiene ni la trascendencia ni la envergadura de la de Gaudí. Por ejemplo, se atribuye a Jujol la fachada en cerámica y los balcones en hierro fundido de la Casa Batlló, transformada por Gaudí entre 1904 y 1906, lo cual parece improbable, ya que Jujol obtiene su título de arquitecto en 1906 y Gaudí lo escoge como colaborador a finales de ese mismo año. En esa época, Gaudí tenía 54 años y Jujol, 27; es impensable que fuese sólo el estudiante quien fuese el responsable de la elección armónica de los colores de esa fachada. No olvidemos que, desde su primera gran obra, el Palacio Güell, realizada veinte años antes de terminar la Casa Batlló, Gaudí demuestra un uso arquitectónico del color hasta entonces jamás visto, creando los vitrales

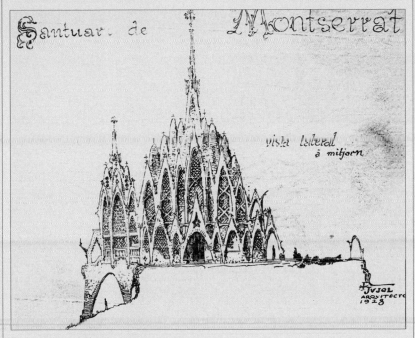

Josep Maria Jujol: proyecto para un santuario dedicado a la Virgen de Montserrat, sobre una colina de Montferri, en la provincia de Tarragona, 1928. La construcción del edificio fue interrumpida hacia 1930.

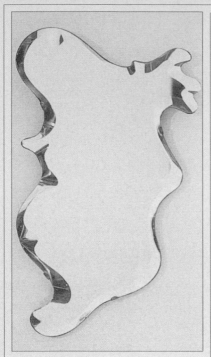

Superior, un espejo y, en página siguiente, un reloj de pared de madera dorada; los dos procedentes de la Casa Milà (colección Pedro Uhart).

una tela metálica para imprimir en ellos los relieves que flotan como nubes en el cielo y que evocan la restauración del piso de los propietarios: «No sé cómo explicarlo, pero en todo el mobiliario y los elementos decorativos estaba la marca del maestro».

En cuanto al mobiliario creado por Jujol, me gustaría hacer una aclaración. Cuando se le encargó la decoración en 1911 de la tienda Mañach, Jujol realizó un mostrador, algunos muebles de la alacena y algunas sillas para los clientes. Es un conjunto que conozco bien porque lo examiné hace algunos años. Las sillas son de madera y hierro forjado; las tres patas están unidas por un anillo soldado que les da cierta estabilidad. En una foto de época, procedente de los archivos Jujol, aparecen esas sillas, pero sin el anillo. Por lo que deducimos que ese anillo en forma de ocho fue añadido posteriormente por Jujol cuando la pata de delante, fijada a la madera con una platina y tornillos, cedió por el uso. He aquí un ejemplo de los puntos débiles de Jujol en el campo de la ebanistería. La base de la silla era también bastante incómoda.

Nos encontramos muy lejos de las preocupaciones de Gaudí, que habría pensado desde el inicio, como lo demuestran sus creaciones en el campo de la ebanistería, en el confort y en la solidez de la silla. Hay que recordar también las palabras de Enrique Casanellas, primer secretario de la Asociación Amics de Gaudí, extraídas de su libro *Nueva visión de Gaudí* (1965): «El colorismo de Jujol bajo el control de Gaudí no conoció jamás los puntos débiles que constatamos en las obras personales de Jujol».

abstractos de la época noble y el revestimiento hecho con pedazos de azulejos de los caminos y las bocas de ventilación. Esas aplicaciones las encontramos en el Park Güell, la Casa Batlló, la Casa Milà, la Sagrada Familia y la cripta de la Colonia Güell. Además, el albañil Ramon Dedeu cuenta cómo se llevó a cabo, con Gaudí como único responsable, el revestimiento de la fachada de la Casa Batlló. Con respecto a la Casa Milà, se dijo que fue Jujol quien creó los tejados; Dedeu también contó cómo Gaudí utilizó

¿En su opinión, influyó Gaudí en la creación artística del siglo XX?

En diciembre de 1958 la revista *Papeles de Son Armadans* rindió homenaje a Gaudí; la portada del número era una litografía de Miró y numerosas personalidades (Enrique Casanelles, Azorín, Benjamín Palencia, Ramón Gómez de la Serna, Eduardo Westerdalh, Anthony Kerrigan, C. L. Popovici, Fernando Chueca Goitia) colaboraron en él. Uno de los textos, «Poliformismo de Gaudí», escrito por el pintor-arquitecto turinés Alberto Sartoris, terminaba con esta declaración: «En el mundo entero, se ha hablado demasiado de Picasso y poco de Gaudí». No olvidemos que, cuando vivía en Barcelona, Picasso tenía un taller situado delante del Palacio Güell; es más que probable que viese los vitrales cubistas y los revestimientos cerámicos abstractos que allí había. Miró nunca dejó de admirar la obra de Gaudí. De joven pudo ver las obras de restauración emprendidas en la catedral de Palma de Mallorca; más tarde pudo ver la obra de Gaudí y le gustó en particular el Park Güell. ¿Acaso no puede considerarse el famoso banco en *trencadís* del parque un Miró anticipado? Los escultores Julio González, originario de Barcelona, como Miró, y Pablo Gargallo utilizaron el hierro forjado de un modo parecido al de Gaudí. Niki de Saint-Phalle, por su parte, considera a Gaudí su maestro. En 1980, ésta realiza en la Toscana el jardín del Tarot, compuesto por veintidós esculturas monumentales que constituye un verdadero homenaje al Park Güell. En 1957, expuse en Nueva York, en Washington Square, un «mural flotante» titulado *The History*

of War, que denunciaba la guerra de Vietnam; entre los artistas que había allí, conocí a uno que me habló mucho de Gaudí y estaba particularmente interesado en el *trencadís*. Más tarde, sus grandes lienzos con platos rotos contribuyeron a su fama. Este artista es... Julian Schnabel.

Entrevista con Philippe Thiébaut, 2001

CRONOLOGÍA Y UBICACIÓN DE LAS PRINCIPALES OBRAS CONSERVADAS

- 1877-1882, en colaboración con Fontserè, parc de la Ciutadella, Barcelona.

- 1883-1888, Casa Vicens, calle de las Carolines, 18-24, Barcelona.

- 1883-1885, El Capricho, Comillas.

- 1884-1887, Finca Güell, avenida de Pedralbes, 7, Barcelona.

- 1884-1926, Sagrada Familia, plaza Gaudí, calle Marina, Barcelona.

- 1886-1889, Palacio Güell, calle Nou de la Rambla, 3-5, Barcelona.

- 1887-1894, Palacio Episcopal de Astorga, León.

- 1888-1890, Colegio de las Teresianas, calle Ganduxer, 85, Barcelona.

- 1891-1894, Casa Fernández Andrés, conocida como Casa de Botines, plaza de San Marcelo, León.

- 1898-1904, Casa Calvet, calle Casp, 48, Barcelona.

- 1898,1915, cripta de la iglesia de la Colonia Güell, Santa Coloma de Cervelló, Barcelona.

- 1900-1902, «Bellesguard», calle Bellesguard, 16-20, Barcelona.

- 1900-1914, Park Güell, Muntanya Pelada, Barcelona.

- 1901-1902, puerta y reja de la propiedad Miralles, paseo de Manuel Girona, Barcelona.

- 1903-1914, restauración de la catedral de Palma de Mallorca.

- 1904-1906, Casa Batlló, paseo de Gracia, 43, Barcelona.

- 1906-1910, Casa Milà, conocida como La Pedrera, paseo de Gracia, 92, Barcelona.

- 1909-1910, escuelas de la Sagrada Familia.

BIBLIOGRAFÍA

OBRAS Y CATÁLOGOS DE EXPOSICIONES SOBRE GAUDÍ

– Francesc Pujols, *La visió artística i religiosa d'en Gaudí*, Barcelona, Catalonia, 1927.

– José F. Ràfols y Francisco Folguera, *Gaudí, el gran arquitecto español*, Barcelona, Canosa, 1929 (reed. Barcelona, Aedos, 1952 y 1960).

– Juan Eduardo Cirlot, *El arte de Gaudí*, Barcelona, Omega, 1950.

– César Martinell, *Conversaciones con Gaudí*, Barcelona, Aymà, 1952.

– César Martinell, *Gaudí, su vida, su teoría, su obra*, Barcelona, COAC, 1967.

– *Gaudí*, Nueva York, The Museum of Modern Art, 1957, catálogo de Henry-Russell Hitchcock, José Luis Sent y Paul Sweeney.

– George R. Collins, *Antonio Gaudí*, New York, George Braziller, 1960.

– Enrique Casanellas, *Nueva visión de Gaudí*, Barcelona, Editorial Polígrafa, 1965.

– Robert Descharnes y Clovis Prévost, *La visión artística y religiosa de Gaudí*, seguido de *La visió artística i religiosa d'en Gaudí*, prólogo de Salvador Dalí, Barcelona, Aymà, 1971.

– *Pionniers du XXe siècle 2. Gaudí*, catálogo de exposición, París, Musée des Arts décoratifs, 1971.

– Riccardo Dalisis, *Gaudí, mobili e oggetti*. Milán, Electa, 1979.

– Isidre Puig Boada, *El pensament de Gaudí*, Barcelona, 1981.

– *Antoni Gaudí (1852-1926)*, catálogo de exposición, Barcelona, Caixa de Pensions, 1985.

– Juan-José Lahuerta, *Antonio Gaudí. Arquitectura, ideología y política*, Madrid, Electa, 1993.

– Juan-José Lahuerta, *Univers Gaudí*, CCCB, 2002.

– Joan Bergós, *Gaudí. L'homme et son oeuvre*, París, Flammarion, 1999.

– *Gaudí. Art and design*, catálogo de exposición. Barcelona, Fundació Caixa Catalunya, 2002.

OBRAS SOBRE EL MODERNISMO

– José F. Ràfols, *Modernismo y modernistas*. Barcelona, Destino, 1949 (reed. 1982).

– Alexandre Cirici Pellicer, *El arte modernista catalán*, Barcelona, Aymà, 1951 (reed. 1974).

– Mireia Freixa, *El Modernismo en España*, Madrid, Cátedra, 1986.

– *El Modernismo*, catálogo de exposición, Barcelona, Museu d'Art Modern, 1900-1991.

– François Loyer, *L'Art Nouveau en Catalogne*, Ginebra, Le Septième Fou, 1991.

ÍNDICE

CRÉDITOS DE LAS IMÁGENES

Archivos Gallimard 42s. Archivos del templo de la Sagrada Familia, Barcelona 23, 80, 93i. Photo Robert Descharnes Descharnes&Descharnes/daliphoto.com 108. DR 31, 37, 38-39, 51, 55i, 56, 60, 63i, 66i, 74s, 76s, 83, 92-93, 103s, 123, 125, 127, 128. Arnaud Février/Gallimard lomo, 16, 40, 58, 59, 62i, 64-65s. FMR/Listri 55s, 73i, 119. © Fondation Le Corbusier-Adagp, París 2001 103i. Instituto Amatller de Arte Hispánico/Arxiu Mas, Barcelona 11, 14, 14-15, 22-23, 24s, 27, 52s, 52i, 70, 72s. Bernard Ladoux, París 53s, 53i, 54, 71. Oronoz, Madrid 6-7, 17, 18, 25, 28s, 28i, 29, 32, 33, 38, 41, 42-43, 44, 46, 47, 48, 49, 50, 57, 69, 79. Clovis Prévost, París, portada y contraportada, 1, 2-3, 9, 24, 30-31, 34, 35, 36, 45, 60i, 61, 62-63, 64s, 66s, 67, 74i, 76i, 77, 78, 80s, 82i, 82i, 83, 84, 84-85, 86-87, 88-89, 90, 91s, 91i, 94s, 94i, 95, 96, 97, 99, 105, 107, 111, 112-113, 114-115, 119. RMN, París 22i. Roger Viollet, París 10, 12, 26, 42i. Pedro Uhart, París 4-5, 19, 68, 75, 116, 117, 120, 121. © Salvador Dalí-Adagp, París 2001 106.

AGRADECIMIENTOS

El autor da las gracias a Marie-Laure Crosnier Leconte, Caroline Mathieu, Frédéric Morvan, Clovis Prévost, Anne Soto, Pedro y Kiki Uhart.
El editor da las gracias en particular a Clovis Prévost y Pedro Uhart por su preciada ayuda.